Perícia Financeira Avançada: Estratégias e Técnicas para o Perito Moderno

Domine a arte da perícia financeira e torne-se indispensável na busca pela justiça econômica

Cleomar Viana Batista

1ª edição, 2024

Perícia Financeira Avançada: Estratégias e Técnicas para o Perito Moderno

Sumário

Sobre o autor 1

Introdução 3

    Objetivo do Livro 3

        Importância da Perícia Financeira no Contexto Jurídico 3

        Como Este Guia Pode Auxiliar Peritos e Advogados 4

        Perfil do Leitor Ideal 4

- Profissionais do Direito e Finanças: 4
- Peritos Iniciantes e Experientes: 4

Capítulo 1 - Fundamentos da Perícia Financeira 5

    1.1: O que é Perícia Financeira? 5

        Definição e Importância 5

        Exemplos de Casos Comuns 6

        Importância para o Sistema Judicial 6

Capítulo 1 - Fundamentos da Perícia Financeira 7

    1.2: Mercado de Perícia 7

    Panorama do Mercado Atual 7

    Oportunidades para Peritos 8

    Desafios para Peritos 8

Capítulo 1 - Fundamentos da Perícia Financeira 9

    1.3: Legislação Aplicada 9

        Código de Processo Civil (CPC) 9

        Código Civil 10

        Normativas do Setor Financeiro 10

        Aplicação da Legislação na Prática Pericial 11

        Desafios e Considerações Éticas 11

        Importância da Atualização Contínua 12

        Conclusão 13

Capítulo 2 - Processo Judicial e o Papel do Perito 14

    2.1: Nomeação e Responsabilidades 14

        Processo de Nomeação do Perito 14

- Responsabilidades do Perito 15
- Impacto do Perito na Resolução de Disputas 16
- Desafios Enfrentados pelos Peritos 16
- Ética e Imparcialidade na Perícia 17
- Conclusão 17

Capítulo 2 - Processo Judicial e o Papel do Perito 19

2.2: Interação com o Juízo e as Partes 19
- Comunicação com o Juízo 19
- Interação com as Partes 20
- Ética e Imparcialidade 21
- Desafios na Interação com o Juízo e as Partes 21
- Melhores Práticas para a Interação Eficaz 22
- Conclusão 22

Capítulo 2 - Processo Judicial e o Papel do Perito 23

2.3: Procedimentos Avançados e Melhores Práticas na Perícia Financeira 23
- Procedimentos de Perícia Financeira 23
- Preparação Inicial 23
- Coleta e Análise de Dados 24
- Elaboração de Laudos Periciais 24
- Estrutura do Laudo Pericial 24
- Desafios e Soluções na Perícia Financeira 25
- Desafios na Perícia Financeira 25
- Soluções para os Desafios na Perícia Financeira 26
- Importância da Ética e da Imparcialidade 26
- Conclusão 27

Capítulo 2 - Processo Judicial e o Papel do Perito 28

2.4: Assistente Técnico: Funções e Limitações 28
- Funções do Assistente Técnico 28
- Limitações do Assistente Técnico 29
- Interação com o Perito e o Juízo 30
- Importância do Assistente Técnico no Processo 30
- Desafios Enfrentados pelos Assistentes Técnicos 31
- Melhores Práticas para Assistentes Técnicos 31
- Conclusão 32

Capítulo 3 - Matemática Financeira Aplicada 33

3.1: Conceitos Fundamentais 33

Juros Simples 33

Juros Compostos 34

Taxa Nominal e Taxa Efetiva 35

Aplicações na Perícia Financeira 36

Desafios na Aplicação dos Conceitos 37

Ferramentas e Recursos para Peritos 38

Conclusão 38

Capítulo 3 - Matemática Financeira Aplicada 39

3.2: Sistemas de Amortização 39

Tabela Price 39

Sistema de Amortização Constante (SAC) 41

Sistema de Amortização Crescente (SACRE) 42

Sistema de Amortização Constante com Carência (SACOC) 43

Comparação dos Sistemas de Amortização 44

Conclusão 45

Capítulo 3 - Matemática Financeira Aplicada 46

3.3: Análise de Investimentos 46

Valor Presente Líquido (VPL) 46

Taxa Interna de Retorno (TIR) 48

Payback 50

Índice de Lucratividade (IL) 50

Comparação dos Métodos de Análise 52

Aplicações na Perícia Financeira 52

Desafios na Análise de Investimentos 53

Ferramentas e Recursos para Análise de Investimentos 53

Conclusão 54

Capítulo 4: Metodologias e Técnicas de Perícia 55

4.1: MLP GAUSS e MAJS TPNP 55

MLP GAUSS: Método de Mínimos Quadrados Ponderados com Ajuste Gaussiano ... 55

Aplicações do MLP GAUSS 55

Exemplo Prático do MLP GAUSS 56

MAJS TPNP: Método de Ajuste Justo Simples com Taxa de Projeção Não Ponderada 56

Aplicações do MAJS TPNP 57

Exemplo Prático do MAJS TPNP 57

Comparação entre MLP GAUSS e MAJS TPNP 58

Considerações Finais 58

- Conclusão 58
- **Capítulo 4: Metodologias e Técnicas de Perícia** 60
  - 4.2: Revisão de Contratos Bancários 60
    - Importância da Revisão de Contratos Bancários 60
    - Análise de Taxas de Juros 60
    - Tipos de Taxas de Juros 61
    - Métodos de Análise 61
    - Capitalização de Juros 61
    - Tipos de Capitalização 62
    - Análise de Capitalização 62
    - Análise de Tarifas 62
    - Tipos de Tarifas 62
    - Métodos de Análise 63
    - Ferramentas e Recursos Online 63
    - Estudos de Caso: Revisão de Contratos Bancários 64
    - Estudo de Caso 1: Empréstimo Pessoal com Juros Abusivos 64
    - Estudo de Caso 2: Financiamento Imobiliário com Cláusulas Onerosas 64
    - Conclusão 64
- **Capítulo 4: Metodologias e Técnicas de Perícia** 66
  - 4.3: Cálculo de Juros Abusivos 66
    - Compreendendo Juros Abusivos 66
    - Elementos de Juros Abusivos 66
    - Identificação de Juros Abusivos 67
    - Passos para Identificação 67
    - Ferramentas e Técnicas 67
    - Recálculo de Juros Abusivos 68
    - Metodologia de Recálculo 68
    - Ferramentas de Recálculo 68
    - Casos Práticos e Jurisprudência 68
    - Estudo de Caso 1: Empréstimo Pessoal com Juros Abusivos 69
    - Estudo de Caso 2: Financiamento de Veículo com Anatocismo 69
    - Jurisprudência Relevante 69
    - Desafios na Análise de Juros Abusivos 69
    - Soluções para Desafios 70
    - Conclusão 70
- **Capítulo 5: Perícias Específicas** 72

5.1: Perícia em Conta Corrente e Cheque Especial 72
  Importância da Perícia em Conta Corrente e Cheque Especial 72
  Métodos de Análise e Cálculo 72
  1. Análise de Movimentações Financeiras... 73
  2. Cálculo de Juros e Tarifas 73
  3. Análise de Condições Contratuais 74
  Exemplos de Prática 74
  Estudo de Caso 1: Cobrança Excessiva de Juros no Cheque Especial 74
  Estudo de Caso 2: Tarifas Bancárias Não Autorizadas 75
  Desafios na Perícia em Conta Corrente e Cheque Especial 75
  Soluções para Desafios 75
  Conclusão... 76
Capítulo 5: Perícias Específicas.. 77
  5.2: Perícia em Cartão de Crédito.. 77
  Importância da Perícia em Cartão de Crédito.. 77
  Identificação de Abusos e Irregularidades 77
  Elementos Comuns de Abusos em Cartões de Crédito... 78
  Metodologias de Identificação 78
  Ferramentas e Técnicas 79
  Estudos de Caso: Perícia em Cartão de Crédito 79
  Estudo de Caso 1: Cobrança Indevida de Juros 79
  Estudo de Caso 2: Tarifas Não Autorizadas 79
  Desafios na Perícia em Cartão de Crédito 80
  Soluções para Desafios 80
  Importância da Proteção ao Consumidor... 80
  Conclusão... 81
Capítulo 5: Perícias Específicas.. 82
  5.3: Perícia em Leasing 82
  Importância da Perícia em Leasing 82
  Análise de Contratos de Leasing.. 82
  1. Revisão de Cláusulas Contratuais 83
  2. Cálculo do Valor Residual Garantido (VRG) 83
  3. Análise de Taxas de Leasing... 84
  Exemplos de Prática 84
  Estudo de Caso 1: VRG Inflacionado... 84
  Estudo de Caso 2: Taxas de Leasing Onerosas 85

Desafios na Perícia em Leasing 85
Soluções para Desafios 85
Conclusão 86

Capítulo 6: Liquidação de Sentenças e Impugnações 87

6.1: Liquidação de Sentença 87

Compreendendo a Liquidação de Sentença 87
Tipos de Liquidação 87
Procedimentos para Liquidação de Sentença 88
1. Análise da Sentença 88
2. Coleta de Dados 88
3. Realização dos Cálculos 89
4. Elaboração do Relatório de Liquidação 89
Exemplos Práticos de Liquidação de Sentença 89
Exemplo 1: Liquidação de Sentença em Caso de Danos Materiais 90
Exemplo 2: Liquidação de Sentença em Caso de Lucros Cessantes 90
Desafios na Liquidação de Sentença 90
Soluções para Desafios 91
Conclusão 91

Capítulo 6: Liquidação de Sentenças e Impugnações 92

6.2: Impugnação de Cálculos e Honorários 92

Compreendendo a Impugnação de Cálculos 92
Motivos Comuns para Impugnação 92
Procedimentos para Impugnação de Cálculos 93
1. Revisão Detalhada dos Cálculos 93
2. Elaboração de Relatório de Impugnação 93
3. Apresentação ao Tribunal 94
Compreendendo a Impugnação de Honorários 94
Motivos Comuns para Impugnação de Honorários 94
Procedimentos para Impugnação de Honorários 95
1. Revisão dos Honorários Fixados 95
2. Elaboração de Relatório de Impugnação 95
3. Apresentação ao Tribunal 96
Exemplos Práticos de Impugnação 96
Exemplo 1: Impugnação de Cálculos em Caso de Indenização 96
Exemplo 2: Impugnação de Honorários Periciais 96
Desafios na Impugnação de Cálculos e Honorários 97

Soluções para Desafios 97

Conclusão 97

Capítulo 6: Liquidação de Sentenças e Impugnações 99

6.3: Estratégias Avançadas para Impugnação de Cálculos e Honorários 99

Compreendendo o Contexto da Impugnação 99

Importância da Impugnação 99

Estratégias Avançadas de Impugnação 100

1. Análise Técnica Detalhada 100

2. Argumentação Jurídica 100

3. Uso de Tecnologia 101

4. Colaboração com Especialistas 101

Exemplos de Aplicação Prática 102

Exemplo 1: Impugnação de Cálculos em Caso de Lucros Cessantes 102

Exemplo 2: Impugnação de Honorários Periciais em Arbitramento 102

Desafios e Soluções na Impugnação Avançada 102

Desafios 103

Soluções 103

Conclusão 103

Capítulo 7: Correção Monetária e Juros 104

7.1: Aplicação de Índices de Correção 104

Importância da Correção Monetária 104

Objetivos da Correção Monetária 104

Métodos de Aplicação de Índices de Correção 105

1. Escolha do Índice de Correção 105

2. Aplicação do Índice 105

Ferramentas para Aplicação de Índices de Correção 106

1. Calculadoras Online 106

2. Software de Análise Financeira 106

3. Bases de Dados de Índices 107

Exemplos de Uso Prático 107

Exemplo 1: Ajuste de Contrato de Aluguel 107

Exemplo 2: Correção de Dívida Judicial 108

Desafios na Aplicação de Índices de Correção 108

Soluções para Desafios 108

Conclusão 109

Capítulo 7: Correção Monetária e Juros 110

7.2: Cálculo de Danos Materiais e Lucros Cessantes 110
   Compreendendo Danos Materiais e Lucros Cessantes 110
   Definições e Contextos 110
   Metodologias para Cálculo de Danos Materiais 110
   1. Avaliação de Bens Danificados 111
   2. Documentação e Evidências 111
   Metodologias para Cálculo de Lucros Cessantes 111
   1. Análise de Receita Histórica 111
   2. Modelagem Financeira 112
   3. Considerações Legais e Contratuais 112
   Ferramentas para Cálculo de Danos Materiais e Lucros Cessantes 113
   2. Bases de Dados Econômicos 113
   3. Consultoria de Especialistas 113
   Exemplos de Uso Prático 114
   Exemplo 1: Danos Materiais em Caso de Acidente de Trânsito 114
   Exemplo 2: Lucros Cessantes em Caso de Interrupção de Negócios 114
   Desafios no Cálculo de Danos Materiais e Lucros Cessantes 114
   Soluções para Desafios 115
   Conclusão 115
Capítulo 7: Correção Monetária e Juros 116
   7.3: Juros Remuneratórios e Moratórios 116
   Compreendendo Juros Remuneratórios e Moratórios 116
   Juros Remuneratórios 116
   Juros Moratórios 117
   Cálculo de Juros Remuneratórios 117
   1. Taxa de Juros 117
   2. Capitalização de Juros 117
   3. Fórmulas de Cálculo 118
   Cálculo de Juros Moratórios 118
   1. Taxa de Juros Moratórios 118
   2. Período de Atraso 118
   3. Fórmulas de Cálculo 119
   Aplicações Práticas 119
   Exemplo 1: Empréstimo Pessoal com Juros Remuneratórios 119
   Exemplo 2: Atraso no Pagamento de Fatura com Juros Moratórios 119
   Desafios no Cálculo de Juros 119

Soluções para Desafios 120

Conclusão 120

Capítulo 8: Análise de Investimentos e Avaliação Econômica 121

8.1: Avaliação de Investimentos: Valor Presente Líquido (VPL) e Taxa Interna de Retorno (TIR) 121

Compreendendo o Valor Presente Líquido (VPL) 121

Conceito e Importância 121

Fórmula do VPL 122

Aplicação Prática do VPL 122

Compreendendo a Taxa Interna de Retorno (TIR) 123

Conceito e Importância 123

Aplicação Prática da TIR 123

Comparação entre VPL e TIR 124

Vantagens do VPL 124

Vantagens da TIR 124

Limitações do VPL e TIR 125

Aplicações Práticas e Considerações 125

Exemplo Prático: Avaliação de Projeto de Expansão 125

Desafios na Aplicação de VPL e TIR 126

Soluções para Desafios 126

Conclusão 126

Capítulo 8: Análise de Investimentos e Avaliação Econômica 128

8.2: Análise de Investimentos: Payback e Índice de Lucratividade 128

Compreendendo o Payback 128

Conceito e Importância 128

Cálculo do Payback 129

Payback Simples 129

Payback Descontado 129

Compreendendo o Índice de Lucratividade 130

Conceito e Importância 130

Cálculo do Índice de Lucratividade 130

Comparação entre Payback e Índice de Lucratividade 131

Vantagens do Payback 132

Vantagens do Índice de Lucratividade 132

Limitações do Payback e Índice de Lucratividade 132

Aplicações Práticas e Considerações 132

- Exemplo Prático: Avaliação de Projeto de Tecnologia 132
- Desafios na Aplicação de Payback e Índice de Lucratividade 133
- Soluções para Desafios 134
- Conclusão 134

Capítulo 8: Análise de Investimentos e Avaliação Econômica 135

8.3: Análise de Risco e Retorno em Investimentos 135
- Compreendendo Risco e Retorno 135
- Metodologias para Avaliação de Risco e Retorno 136
- Ferramentas para Análise de Risco e Retorno 137
- Exemplos de Aplicação Prática 138
- Desafios na Análise de Risco e Retorno 139
- Soluções para Desafios 139
- Conclusão 140

Capítulo 9: Atualizações e Futuro da Perícia Financeira 141

9.1: Impacto das Novas Tecnologias 141
- Inteligência Artificial e Big Data 141
- Ferramentas Digitais e Automação 142
- Oportunidades e Desafios 143
- Casos de Uso e Exemplos Práticos 144
- Preparando-se para o Futuro 145
- Conclusão 145

Capítulo 9: Atualizações e Futuro da Perícia Financeira 147

9.2: Tendências Legislativas 147
- Novas Leis e Regulamentos em Discussão 147
- Como Se Preparar para Mudanças Futuras 149
- Exemplos de Implementação Prática 151
- Conclusão 151

Capítulo 9: Atualizações e Futuro da Perícia Financeira 153

9.3: O Futuro da Profissão 153
- Desafios Emergentes na Perícia Financeira 153
- Oportunidades Emergentes na Perícia Financeira 154
- Recomendações para Novos Peritos 156
- Conclusão 157

Conclusão 158
- Resumo dos Pontos-Chave 158
- Próximos Passos para o Leitor 159

Reflexão Final 161
Apêndices 162
    Glossário de Termos Técnicos 162
    Estrutura de Laudos 164
    Análise abrangente de Laudo Pericial Financeiro com conformidade legal 166
    Guia de Perguntas e Respostas para Peritos Financeiros 170
    Referências Bibliográficas 229

Sobre o autor

Cleomar Viana Batista é um profissional em transição para o campo da perícia financeira, cuja carreira se estende por mais de 30 anos em órgãos públicos federais, incluindo a Controladoria-Geral da União e a Empresa Brasileira de Correios e Telégrafos. Sua trajetória profissional é caracterizada por uma combinação única de expertise técnica e formação acadêmica sólida, que o capacita a lidar com análises periciais complexas de maneira eficaz e inovadora.

Com um MBA em Perícia Judicial e Extrajudicial pela Faculdade de São Marcos, complementa sua formação com cursos avançados em inteligência estratégica e gestão pública. Além disso, ele investe continuamente em seu desenvolvimento, participando de cursos de aperfeiçoamento em áreas como desenvolvimento humano e inteligência emocional, o que enriquece sua abordagem multidisciplinar.

A sua experiência abrange diversas áreas da perícia financeira, com ênfase em cálculos relativos ao Sistema Financeiro de Habitação (SFH), créditos ao consumidor, cartões de crédito e liquidação de sentenças. Seu compromisso com a educação contínua se reflete em sua participação regular em cursos e treinamentos, mantendo-se sempre atualizado com as melhores práticas e tendências do setor.

Um de seus diferenciais é sua habilidade em combinar conhecimentos em inteligência estratégica e gestão pública, oferecendo uma perspectiva abrangente que enriquece suas análises. Esta abordagem multifacetada permite que ele ofereça insights valiosos e soluções inovadoras para os desafios complexos da perícia financeira.

Olhando para o futuro, mantém-se dedicado a contribuir para a justiça e a equidade no sistema financeiro e legal. Sua abordagem inovadora e atenção aos detalhes garantem análises periciais precisas e confiáveis, fundamentais para a resolução de disputas complexas. Com sua vasta experiência e compromisso inabalável com a excelência, continua a ser uma referência no campo da perícia financeira, pronto para enfrentar os desafios em constante evolução do setor.

Para saber mais sobre Cleomar Viana Batista e conectar-se com ele, visite seu perfil no LinkedIn: http://www.linkedin.com/in/cleomar-viana-batista-b8522592. Aqui, você pode acompanhar suas atualizações, interagir diretamente e explorar suas contribuições para o campo da perícia financeira

Introdução

Com este livro, buscamos oferecer aos nossos leitores uma compreensão aprofundada e enriquecedora sobre os princípios e práticas da perícia financeira. Nosso objetivo é proporcionar insights valiosos que aprimorem sua percepção crítica e analítica, contribuindo para a justiça e a integridade no sistema legal. Convidamos você a embarcar nesta jornada de aprendizado e descoberta, explorando o fascinante mundo da perícia financeira e preparando-se para futuras especializações que possam consolidar sua expertise na área.

A perícia financeira é um componente essencial do sistema jurídico moderno, desempenhando um papel crucial na resolução de disputas que envolvem questões financeiras complexas. Este livro foi desenvolvido para servir como uma referência abrangente para peritos financeiros, advogados e outros profissionais interessados em expandir seu entendimento sobre a prática da perícia financeira. Com uma abordagem informativa e prática, este livro oferece insights que ajudam os leitores a compreender os desafios do campo e a considerar melhores práticas em suas análises.

Objetivo do Livro

O objetivo principal deste livro é fornecer uma visão abrangente e prática da perícia financeira, abordando desde os fundamentos até as técnicas mais avançadas e as tendências futuras. Embora a perícia financeira exija habilidades técnicas em finanças e uma compreensão profunda dos procedimentos legais e regulatórios, este livro busca oferecer orientações claras e exemplos práticos que podem ser aplicados em situações reais, servindo como um ponto de partida para aqueles que desejam se aprofundar no assunto através de cursos especializados e experiências práticas.

Importância da Perícia Financeira no Contexto Jurídico

A perícia financeira é vital para garantir que as decisões judiciais sejam baseadas em análises financeiras precisas e imparciais. Ela auxilia juízes e advogados a entenderem as nuances de questões financeiras complexas, como avaliação de ativos, cálculo de danos e análise de contratos financeiros. A precisão e a clareza das análises periciais são fundamentais para a justiça e a equidade nos processos judiciais.

Como Este Guia Pode Auxiliar Peritos e Advogados

Este livro foi projetado para ser uma ferramenta informativa e de referência tanto para peritos quanto para advogados. Para os peritos, ele oferece uma visão estruturada de conceitos e metodologias que podem enriquecer sua compreensão das análises financeiras e na elaboração de laudos periciais. Para os advogados, o livro fornece insights valiosos sobre a interpretação e utilização de laudos periciais em litígios, além de oferecer orientações sobre como colaborar de forma eficaz com peritos financeiros. Embora não substitua a formação especializada necessária para a prática profissional, este guia serve como um recurso valioso para aprimorar o conhecimento e facilitar o diálogo entre profissionais do direito e das finanças.

Perfil do Leitor Ideal

Este livro é direcionado a uma ampla gama de profissionais que atuam na interseção entre finanças e direito. Ele foi elaborado para ser acessível tanto para iniciantes quanto para profissionais experientes na área de perícia financeira.

- Profissionais do Direito e Finanças: Advogados, contadores, auditores e consultores financeiros que desejam expandir seu conhecimento sobre perícia financeira encontrarão neste livro um recurso valioso. Ele aborda conceitos financeiros complexos de maneira clara e acessível, permitindo que profissionais de diferentes áreas compreendam e apliquem as técnicas discutidas.

- Peritos Iniciantes e Experientes: Para peritos iniciantes, o livro oferece uma introdução abrangente aos fundamentos da perícia financeira, incluindo conceitos básicos de matemática financeira e as etapas do processo pericial. Para peritos experientes, ele apresenta técnicas avançadas, melhores práticas e insights sobre as tendências futuras da profissão, ajudando-os a aprimorar suas habilidades e manter-se atualizados em um campo em constante evolução.

Capítulo 1 - Fundamentos da Perícia Financeira

Este subcapítulo estabelece a base para entender o papel da perícia financeira no sistema judicial, preparando o leitor para explorar mais profundamente os métodos e aplicações desta disciplina nos capítulos subsequentes.

1.1: O que é Perícia Financeira?

A perícia financeira é uma atividade técnica que envolve a análise detalhada de questões financeiras no contexto de processos judiciais. Ela é fundamental para esclarecer aspectos complexos que exigem conhecimento especializado, auxiliando juízes e advogados na tomada de decisões informadas. Este subcapítulo explora a definição, importância e exemplos de casos comuns em que a perícia financeira é aplicada.

Definição e Importância

- **Definição**: A perícia financeira consiste na investigação e análise de dados financeiros para produzir um laudo técnico que suporte o processo judicial. Este laudo é elaborado por um perito, um especialista nomeado pelo juiz ou contratado por uma das partes para fornecer uma visão imparcial e fundamentada sobre questões financeiras em disputa.

- **Importância**: A perícia financeira é crucial em casos onde se discute a validade de cálculos financeiros, a aplicação correta de taxas de juros, a existência de fraudes ou a avaliação de danos econômicos. Ela garante que as decisões judiciais sejam baseadas em dados precisos e análises detalhadas, contribuindo para a justiça e equidade nos processos.

Exemplos de Casos Comuns

1. **Revisão de Contratos Bancários**: Avaliação de cláusulas contratuais para identificar práticas abusivas, como a cobrança excessiva de juros ou taxas não previstas.
2. **Liquidação de Sentenças**: Cálculos para determinar o valor exato devido após uma decisão judicial, considerando correção monetária e juros.
3. **Fraudes Financeiras**: Investigação de irregularidades em transações financeiras, como desvio de fundos ou manipulação de balanços.
4. **Avaliação de Danos e Lucros Cessantes**: Quantificação dos prejuízos sofridos por uma parte devido a ações de outra, incluindo a projeção de lucros que deixaram de ser realizados.
5. **Perícia em Cartões de Crédito**: Análise de faturas e contratos para verificar a legalidade das cobranças e taxas aplicadas.

Importância para o Sistema Judicial

A perícia financeira atua como uma ponte entre o conhecimento técnico e a aplicação prática da lei, fornecendo clareza e precisão em áreas que são frequentemente complexas e disputadas. Peritos financeiros são essenciais para garantir que as decisões judiciais sejam justas e baseadas em uma análise completa e imparcial dos fatos.

Capítulo 1 - Fundamentos da Perícia Financeira

Este subcapítulo oferece uma visão clara do ambiente em que os peritos financeiros operam, destacando tanto as oportunidades quanto os desafios que definem o mercado atual. Isso prepara o leitor para compreender melhor as exigências e recompensas associadas à profissão de perito financeiro.

1.2: Mercado de Perícia

O mercado de perícia financeira é um campo especializado que oferece oportunidades para profissionais com habilidades em análise financeira e conhecimento jurídico. Este subcapítulo fornece uma visão abrangente do panorama atual do mercado, destacando oportunidades e desafios enfrentados pelos peritos financeiros.

Panorama do Mercado Atual

- **Crescimento da Demanda**: Com o aumento da complexidade das transações financeiras e a crescente judicialização de questões econômicas, a demanda por peritos financeiros tem crescido significativamente. Casos envolvendo revisão de contratos, cálculos de indenizações e investigações de fraudes são cada vez mais comuns nos tribunais.
- **Diversificação de Áreas**: A perícia financeira abrange uma variedade de áreas, incluindo contratos bancários, avaliações de empresas, cálculos trabalhistas e tributários, entre outros. Essa diversificação permite que os peritos se especializem em nichos específicos, aumentando sua relevância no mercado.
- **Tecnologia e Inovação**: O uso de tecnologia, como softwares de análise financeira e inteligência artificial, está transformando a forma como os peritos conduzem suas análises. Ferramentas digitais permitem

maior precisão e eficiência, além de facilitar a comunicação de resultados complexos de forma clara e acessível.

Oportunidades para Peritos

- **Especialização**: Profissionais que se especializam em áreas de alta demanda, como fraudes financeiras ou revisão de contratos bancários, encontram mais oportunidades de trabalho e podem comandar honorários mais altos.
- **Consultoria**: Além de atuar em processos judiciais, peritos financeiros podem oferecer serviços de consultoria para empresas que buscam avaliar riscos financeiros ou implementar melhores práticas de governança.
- **Educação e Treinamento**: Com a crescente necessidade de formação contínua, há oportunidades para peritos atuarem como educadores, oferecendo cursos e treinamentos para outros profissionais do setor.

Desafios para Peritos

- **Manutenção de Atualização**: O ambiente financeiro e regulatório está em constante mudança, exigindo que os peritos se mantenham atualizados sobre novas leis, regulamentos e práticas de mercado.
- **Concorrência**: A crescente popularidade da profissão atrai muitos novos profissionais, aumentando a concorrência. Destacar-se no mercado requer não apenas habilidades técnicas, mas também uma rede de contatos sólida e uma reputação de integridade e competência.
- **Ética e Imparcialidade**: Os peritos devem navegar cuidadosamente questões éticas, mantendo-se imparciais e garantindo que suas análises sejam baseadas em dados objetivos e metodologias aceitas.

Capítulo 1 - Fundamentos da Perícia Financeira

Este subcapítulo oferece uma exploração abrangente da legislação aplicada à perícia financeira, destacando a importância de uma base sólida em leis e regulamentos para a prática pericial.

1.3: Legislação Aplicada

A perícia financeira é uma área que exige não apenas conhecimento técnico em finanças, mas também uma compreensão profunda do arcabouço legal que orienta e regula suas operações. Este subcapítulo se propõe a explorar em detalhes as principais legislações aplicadas à perícia financeira, com especial foco no Código de Processo Civil, no Código Civil e em normativas específicas do setor financeiro. A compreensão dessas leis é essencial para garantir que os laudos periciais sejam juridicamente válidos e tecnicamente sólidos.

Código de Processo Civil (CPC)

O Código de Processo Civil é a espinha dorsal da atuação pericial no Brasil. Ele estabelece as diretrizes para a nomeação de peritos, a elaboração de laudos e a interação entre os peritos, as partes e o juízo. Vamos explorar algumas das seções mais relevantes do CPC para a prática da perícia financeira.

- **Nomeação e Atuação dos Peritos (Artigos 156 a 158)**: O juiz é responsável por nomear o perito, que deve ser um profissional com conhecimento técnico na matéria em questão. É crucial que o perito mantenha uma postura imparcial e objetiva, fornecendo ao tribunal uma análise fundamentada e independente. O artigo 156 destaca que o perito deve ser escolhido entre profissionais legalmente habilitados, garantindo que a perícia seja conduzida com competência e ética.
- **Elaboração do Laudo Pericial (Artigos 465 a 475)**: Estes artigos detalham o processo de elaboração do laudo pericial. O laudo deve ser claro, objetivo e fundamentado, apresentando os métodos utilizados e as conclusões alcançadas. O perito deve responder aos quesitos formulados

pelas partes e pelo juiz, e pode ser solicitado a prestar esclarecimentos adicionais em audiência. A impugnação do laudo é permitida, caso uma das partes questione sua validade ou precisão.

Código Civil

O Código Civil é frequentemente invocado em perícias financeiras, especialmente em casos que envolvem contratos e obrigações financeiras. A seguir, destacamos alguns aspectos cruciais do Código Civil que impactam a prática pericial.

- **Contratos e Obrigações**: O Código Civil estabelece as bases para a interpretação de contratos, incluindo a validade das cláusulas e a determinação de obrigações e direitos das partes. Peritos financeiros são frequentemente chamados para avaliar a conformidade de contratos financeiros com o Código Civil, especialmente em relação a cláusulas de juros, multas e outras penalidades.
- **Anatocismo e Juros**: O anatocismo, ou a cobrança de juros sobre juros, é uma prática regulada pelo Código Civil. Em muitos casos, a perícia financeira é necessária para determinar se a capitalização de juros foi feita de acordo com a legislação vigente. O artigo 591 do Código Civil, por exemplo, estipula que os juros não podem exceder o dobro da taxa legal, salvo disposição contratual em contrário.

Normativas do Setor Financeiro

Além dos códigos legais, a perícia financeira deve considerar uma série de normativas específicas do setor financeiro, emitidas por órgãos reguladores como o Banco Central do Brasil e a Comissão de Valores Mobiliários (CVM).

- **Banco Central do Brasil**: O Banco Central emite resoluções que regulam a prática bancária, incluindo a capitalização de juros, tarifas bancárias e operações de crédito. Peritos financeiros devem estar familiarizados com essas resoluções para avaliar a conformidade das práticas bancárias com a legislação.

- **Comissão de Valores Mobiliários (CVM)**: A CVM regula o mercado de capitais no Brasil, emitindo normas que impactam a perícia financeira em casos que envolvem ações, debêntures e outros valores mobiliários. A análise de conformidade com as normas da CVM é essencial em perícias que envolvem disputas sobre operações de mercado de capitais.

Aplicação da Legislação na Prática Pericial

A aplicação prática da legislação é um dos aspectos mais desafiadores e críticos da perícia financeira. A seguir, exploramos como as leis e regulamentos são aplicados em diferentes contextos periciais.

- **Revisão de Contratos Bancários**: Peritos financeiros são frequentemente chamados para revisar contratos bancários, avaliando a legalidade de cláusulas relacionadas a juros, tarifas e outras condições. A legislação relevante inclui não apenas o Código Civil, mas também resoluções específicas do Banco Central que regulam práticas bancárias.
- **Liquidação de Sentenças**: A perícia financeira desempenha um papel crucial na liquidação de sentenças, calculando o valor devido com base em índices de correção monetária e taxas de juros legais. A precisão desses cálculos depende de um entendimento claro das disposições legais aplicáveis, incluindo a interpretação correta dos artigos do CPC e do Código Civil.
- **Fraudes Financeiras e Compliance**: Em casos de fraudes financeiras, a perícia é essencial para identificar irregularidades e desvios. Isso requer um conhecimento detalhado das obrigações legais das instituições financeiras e das práticas contábeis aceitas. A legislação financeira fornece o quadro de referência para identificar e documentar práticas fraudulentas.

Desafios e Considerações Éticas

A prática da perícia financeira não está isenta de desafios, muitos dos quais estão relacionados à interpretação e aplicação da legislação. A seguir, discutimos alguns dos desafios éticos e práticos enfrentados pelos peritos financeiros.

- **Interpretação da Legislação**: A legislação financeira pode ser complexa e sujeita a interpretações divergentes. Peritos devem ser capazes de navegar por essas complexidades, fornecendo análises claras e bem fundamentadas que resistam ao escrutínio jurídico.
- **Ética e Imparcialidade**: Manter a imparcialidade é fundamental para a credibilidade do perito. Isso significa que o perito deve evitar qualquer influência indevida das partes envolvidas no processo e garantir que suas conclusões sejam baseadas exclusivamente em fatos e dados.
- **Atualização Contínua**: O ambiente legal e financeiro está em constante evolução. Peritos devem se comprometer com a atualização contínua de seus conhecimentos, acompanhando mudanças legislativas e novas interpretações jurídicas que possam impactar sua prática.

Importância da Atualização Contínua

Manter-se atualizado com as mudanças legislativas é essencial para a prática eficaz da perícia financeira. As leis estão em constante evolução, e os peritos devem estar preparados para adaptar suas análises e laudos às novas regulamentações e interpretações jurídicas. A seguir, discutimos a importância da atualização contínua e como os peritos podem se manter informados sobre as mudanças legais.

- **Participação em Cursos e Seminários**: Participar de cursos e seminários é uma maneira eficaz de se manter atualizado sobre as mudanças legislativas e as melhores práticas na perícia financeira. Esses eventos oferecem a oportunidade de aprender com especialistas do setor e de discutir questões complexas com colegas.
- **Assinatura de Publicações Jurídicas e Financeiras**: Assinar publicações jurídicas e financeiras é uma maneira prática de se manter informado sobre as mudanças legislativas e as novas interpretações jurídicas. Essas publicações fornecem análises detalhadas das mudanças legais e suas implicações para a prática pericial.
- **Networking com Outros Profissionais**: Manter uma rede de contatos com outros profissionais da área é uma maneira valiosa de compartilhar informações e discutir questões complexas. Participar de

associações profissionais e grupos de discussão online pode proporcionar insights valiosos e ajudar a identificar tendências emergentes no setor.

Conclusão

A legislação aplicada à perícia financeira é um componente crítico da prática pericial, fornecendo o quadro legal que orienta a análise e a elaboração de laudos. Peritos financeiros devem possuir um conhecimento profundo das leis e regulamentos relevantes, garantindo que suas análises sejam juridicamente válidas e tecnicamente sólidas. Além disso, a atualização contínua é essencial para garantir que os peritos estejam preparados para enfrentar os desafios legais e técnicos que surgem em sua prática. Ao compreender e aplicar a legislação de maneira eficaz, os peritos financeiros podem desempenhar um papel crucial na promoção da justiça e da equidade no sistema judicial.

Capítulo 2 - Processo Judicial e o Papel do Perito

Este subcapítulo fornece uma visão abrangente sobre o papel crítico que os peritos financeiros desempenham no sistema judicial, destacando os processos de nomeação, responsabilidades e desafios enfrentados.

2.1: Nomeação e Responsabilidades

A nomeação de um perito financeiro no contexto judicial é um processo que demanda não apenas expertise técnica, mas também um profundo entendimento das responsabilidades legais e éticas associadas ao papel. Este subcapítulo oferece uma análise detalhada do processo de nomeação de peritos, suas responsabilidades e o impacto crucial que têm na resolução de disputas judiciais.

Processo de Nomeação do Perito

A nomeação de um perito é um aspecto crítico do processo judicial, especialmente em casos que envolvem questões técnicas complexas, como disputas financeiras. O Código de Processo Civil (CPC) estabelece diretrizes claras para a nomeação de peritos, garantindo que o processo seja conduzido de forma justa e imparcial.

- **Iniciativa do Juiz**: De acordo com o CPC, a nomeação de peritos é uma prerrogativa do juiz. Quando o juiz determina que uma questão técnica precisa ser esclarecida para a resolução do caso, ele pode nomear um perito com expertise na área relevante. A escolha do perito é baseada na capacidade técnica, experiência e imparcialidade.
- **Critérios de Seleção**: O juiz deve selecionar peritos entre profissionais legalmente habilitados e devidamente registrados em seus respectivos conselhos profissionais. Isso assegura que o perito tenha as qualificações necessárias para conduzir a análise técnica exigida pelo caso.

- **Aceitação do Encargo**: Após a nomeação, o perito deve aceitar formalmente o encargo. Isso envolve a assinatura de um termo de compromisso, no qual o perito se compromete a desempenhar suas funções com diligência, imparcialidade e ética.
- **Indicação de Assistentes Técnicos**: As partes envolvidas no processo têm o direito de indicar assistentes técnicos. Esses profissionais atuam como consultores das partes, revisando o trabalho do perito e oferecendo suas próprias análises técnicas. No entanto, os assistentes técnicos não têm o mesmo grau de imparcialidade exigido do perito nomeado pelo juiz.

Responsabilidades do Perito

Uma vez nomeado, o perito assume uma série de responsabilidades que são fundamentais para o andamento e a resolução do processo judicial. Essas responsabilidades são orientadas por princípios de ética, diligência e imparcialidade.

- **Condução da Perícia**: O perito é responsável por conduzir a perícia de forma independente e imparcial. Isso envolve a coleta e análise de dados, a aplicação de metodologias técnicas adequadas e a formulação de conclusões baseadas em evidências objetivas. O perito deve evitar qualquer influência indevida das partes e garantir que suas análises sejam transparentes e bem fundamentadas.
- **Elaboração do Laudo Pericial**: O laudo pericial é o produto final do trabalho do perito. Ele deve ser elaborado de forma clara e objetiva, apresentando as conclusões do perito de maneira compreensível para o juiz e as partes envolvidas. O laudo deve incluir uma descrição detalhada dos métodos utilizados, os dados analisados e as conclusões alcançadas.
- **Resposta aos Quesitos**: As partes e o juiz podem formular quesitos, que são perguntas específicas que o perito deve responder em seu laudo. Os quesitos são uma parte crucial do processo pericial, pois orientam o foco da análise e garantem que todas as questões relevantes sejam abordadas.

- **Esclarecimentos Adicionais**: Em alguns casos, o juiz ou as partes podem solicitar esclarecimentos adicionais sobre o laudo pericial. O perito deve estar preparado para comparecer a audiências e explicar suas conclusões, respondendo a perguntas de forma clara e precisa.

Impacto do Perito na Resolução de Disputas

O papel do perito financeiro é fundamental para a resolução de disputas judiciais que envolvem questões técnicas complexas. Ao fornecer uma análise imparcial e baseada em evidências, o perito ajuda o juiz a tomar decisões informadas e justas.

- **Clarificação de Questões Técnicas**: Em muitos casos, as questões financeiras são complexas e difíceis de entender para aqueles sem formação técnica. O perito atua como um tradutor, convertendo dados financeiros complexos em informações compreensíveis para o tribunal.
- **Imparcialidade e Objetividade**: A imparcialidade do perito é crucial para garantir que suas análises sejam confiáveis. Ao se manter neutro e objetivo, o perito assegura que suas conclusões não sejam influenciadas por interesses externos, contribuindo para a justiça do processo.
- **Redução de Conflitos**: Ao fornecer uma análise clara e objetiva, o perito pode ajudar a resolver disputas de forma mais eficiente, reduzindo o tempo e os custos associados ao litígio. Sua análise pode esclarecer mal-entendidos e fornecer uma base sólida para acordos entre as partes.

Desafios Enfrentados pelos Peritos

Embora o papel do perito seja essencial, ele também enfrenta uma série de desafios que podem impactar sua capacidade de conduzir uma análise eficaz e imparcial.

- **Complexidade Técnica**: A natureza complexa das questões financeiras pode tornar a análise pericial um desafio significativo. O perito deve possuir um conhecimento profundo das metodologias financeiras e ser capaz de aplicá-las de forma precisa e eficaz.

- **Pressões Externas**: Em alguns casos, o perito pode enfrentar pressões externas das partes para favorecer um lado ou outro. Manter a imparcialidade em face dessas pressões é fundamental para a integridade do processo pericial.
- **Prazo e Recursos Limitados**: O perito muitas vezes opera sob prazos apertados e com recursos limitados. Isso pode dificultar a condução de uma análise completa e detalhada, exigindo que o perito gerencie seu tempo e recursos de forma eficaz.

Ética e Imparcialidade na Perícia

A ética e a imparcialidade são pilares fundamentais da prática pericial. O perito deve aderir a um código de conduta que enfatiza a integridade, a objetividade e a transparência.

- **Código de Conduta**: Os peritos devem seguir um código de conduta que estabelece padrões para a prática ética. Isso inclui evitar conflitos de interesse, manter a confidencialidade das informações e garantir que suas análises sejam baseadas em evidências objetivas.
- **Transparência**: A transparência é essencial para a credibilidade do perito. Ele deve documentar claramente suas metodologias e fontes de dados, permitindo que suas análises sejam verificadas e validadas por terceiros.
- **Objetividade**: O perito deve se esforçar para manter a objetividade em todas as etapas do processo pericial. Isso significa evitar preconceitos pessoais e garantir que suas conclusões sejam baseadas exclusivamente em fatos e dados.

Conclusão

A nomeação e as responsabilidades do perito financeiro são componentes críticos do processo judicial. Ao fornecer uma análise técnica imparcial e baseada em evidências, o perito desempenha um papel vital na resolução de disputas complexas, garantindo que as decisões judiciais sejam justas e bem fundamentadas. Embora o papel do perito seja desafiador, ele oferece uma oportunidade única de contribuir para a justiça e a equidade no sistema legal.

Ao aderir a padrões éticos rigorosos e manter um compromisso com a imparcialidade, os peritos financeiros podem garantir que suas análises sejam confiáveis e respeitadas por todos os envolvidos no processo judicial.

Capítulo 2 - Processo Judicial e o Papel do Perito

Este subcapítulo fornece uma análise abrangente das interações do perito com o juízo e as partes, destacando a importância da comunicação eficaz, da ética e da imparcialidade.

2.2: Interação com o Juízo e as Partes

A interação entre o perito financeiro, o juízo e as partes envolvidas em um processo judicial é um aspecto fundamental da prática pericial. Essa relação é marcada por uma série de responsabilidades e expectativas que visam garantir a clareza, a imparcialidade e a eficácia do processo judicial. Este subcapítulo explora em detalhes como o perito deve gerenciar essas interações, destacando a importância da comunicação eficaz, da ética e da imparcialidade.

Comunicação com o Juízo

A relação do perito com o juízo é central para o sucesso de sua atuação. O juiz é o responsável pela nomeação do perito e depende de suas análises para tomar decisões informadas. Portanto, a comunicação clara e eficaz com o juízo é essencial.

- **Clareza e Precisão**: O perito deve apresentar suas conclusões de forma clara e precisa, evitando jargões técnicos sempre que possível. O objetivo é garantir que o juiz, que pode não ter formação técnica em finanças, compreenda completamente as análises e as conclusões apresentadas.
- **Objetividade e Imparcialidade**: Ao comunicar-se com o juízo, o perito deve manter uma postura objetiva e imparcial. Isso significa apresentar os fatos de maneira neutra, sem favorecer nenhuma das partes envolvidas no processo.
- **Disponibilidade para Esclarecimentos**: É comum que o juiz solicite esclarecimentos adicionais sobre o laudo pericial. O perito deve estar disponível para fornecer essas explicações, participando de audiências

quando necessário e respondendo a perguntas de maneira detalhada e compreensível.
- **Relatórios e Laudos**: O laudo pericial é o principal meio de comunicação entre o perito e o juízo. Ele deve ser bem estruturado, incluindo uma introdução que contextualize o problema, uma descrição dos métodos utilizados, a apresentação dos dados analisados e as conclusões alcançadas. Cada seção deve ser escrita de forma a facilitar a compreensão por parte do juiz.

Interação com as Partes

Além do juízo, o perito interage diretamente com as partes envolvidas no processo, o que pode incluir advogados, assistentes técnicos e, em alguns casos, os próprios litigantes. Essa interação deve ser gerida com cuidado para manter a integridade e a imparcialidade do processo.

- **Transparência e Acesso à Informação**: O perito deve garantir que todas as partes tenham acesso igual às informações relevantes para a perícia. Isso inclui compartilhar dados e documentos que fundamentam suas análises, respeitando as regras de confidencialidade e proteção de dados.
- **Resposta aos Quesitos**: As partes têm o direito de formular quesitos ao perito, que são perguntas específicas sobre aspectos técnicos do caso. O perito deve responder a esses quesitos de forma completa e objetiva, garantindo que todas as dúvidas sejam esclarecidas.
- **Gerenciamento de Expectativas**: É importante que o perito gerencie as expectativas das partes em relação ao seu papel e às suas limitações. O perito não é um defensor de nenhuma das partes, mas sim um auxiliar do juízo, e suas análises devem refletir essa imparcialidade.
- **Participação em Audiências**: Em algumas situações, o perito pode ser chamado a participar de audiências para esclarecer suas conclusões ou responder a perguntas das partes. Durante essas sessões, o perito deve manter uma postura profissional, respondendo às perguntas de maneira clara e fundamentada.

Ética e Imparcialidade

A ética e a imparcialidade são princípios fundamentais que devem guiar todas as interações do perito com o juízo e as partes. Manter esses princípios é crucial para a credibilidade do perito e para a justiça do processo judicial.

- **Evitar Conflitos de Interesse**: O perito deve evitar qualquer situação que possa comprometer sua imparcialidade. Isso inclui recusar nomeações em casos onde exista um conflito de interesse, seja ele financeiro, pessoal ou profissional.
- **Confidencialidade**: O perito deve manter a confidencialidade das informações obtidas durante a perícia, compartilhando dados apenas com as partes autorizadas e conforme necessário para a elaboração do laudo pericial.
- **Integridade**: A integridade do perito é essencial para a confiança no processo judicial. Isso significa que o perito deve aderir a padrões éticos rigorosos, garantindo que suas análises sejam baseadas em dados objetivos e metodologias aceitas.

Desafios na Interação com o Juízo e as Partes

Embora a interação com o juízo e as partes seja uma parte essencial do papel do perito, ela também apresenta uma série de desafios que devem ser geridos com habilidade e profissionalismo.

- **Pressões Externas**: O perito pode enfrentar pressões de ambas as partes para influenciar suas conclusões. Manter a imparcialidade em face dessas pressões é crucial para a integridade do laudo pericial.
- **Complexidade Técnica**: Explicar conceitos financeiros complexos de forma que sejam compreensíveis para leigos pode ser um desafio significativo. O perito deve ser capaz de simplificar suas análises sem comprometer a precisão técnica.
- **Gestão de Tempo**: O perito deve gerenciar seu tempo de forma eficaz para atender aos prazos estabelecidos pelo juízo, enquanto garante que suas análises sejam completas e precisas.

Para navegar com sucesso as interações com o juízo e as partes, os peritos podem adotar uma série de melhores práticas que promovem a clareza, a imparcialidade e a eficácia.

- **Comunicação Clara e Concisa**: Ao elaborar laudos e relatórios, o perito deve se esforçar para ser claro e conciso, evitando jargões técnicos sempre que possível. Isso ajuda a garantir que suas conclusões sejam compreendidas por todos os envolvidos.
- **Preparação para Audiências**: Quando convocado para audiências, o perito deve se preparar cuidadosamente, revisando suas análises e antecipando possíveis perguntas. Isso permite que ele responda de forma confiante e fundamentada.
- **Documentação Rigorosa**: Manter uma documentação rigorosa de todas as etapas do processo pericial é essencial. Isso inclui registrar todas as interações com o juízo e as partes, bem como as metodologias e os dados utilizados nas análises.
- **Educação Contínua**: Manter-se atualizado sobre as melhores práticas em comunicação e ética pericial é crucial. Participar de cursos e workshops pode ajudar os peritos a aprimorar suas habilidades de comunicação e a lidar com desafios éticos de forma eficaz.

Conclusão

A interação do perito financeiro com o juízo e as partes é um componente vital do processo pericial. Ao manter uma comunicação clara, objetiva e imparcial, o perito pode ajudar a garantir que o processo judicial seja conduzido de forma justa e eficiente. Embora essa interação apresente desafios, ela também oferece uma oportunidade para o perito demonstrar sua competência técnica e seu compromisso com a justiça. Ao aderir a princípios éticos rigorosos e adotar práticas eficazes de comunicação, os peritos financeiros podem desempenhar um papel crucial na resolução de disputas judiciais complexas.

Capítulo 2 - Processo Judicial e o Papel do Perito

Este subcapítulo fornece uma visão abrangente sobre como os peritos podem aprimorar suas práticas, enfrentar desafios comuns e garantir que suas análises sejam precisas, imparciais e juridicamente válidas.

2.3: Procedimentos Avançados e Melhores Práticas na Perícia Financeira

Procedimentos de Perícia Financeira

A perícia financeira é uma prática complexa que requer não apenas conhecimento técnico em finanças, mas também uma compreensão profunda dos procedimentos legais e das metodologias analíticas. Este subcapítulo aborda os procedimentos fundamentais da perícia financeira, desde a preparação inicial até a elaboração do laudo pericial, destacando as melhores práticas e os desafios comuns enfrentados pelos peritos no desempenho de suas funções.

Preparação Inicial

- **Compreensão do Caso**: Antes de iniciar a análise, o perito deve compreender completamente o escopo do caso. Isso envolve a revisão dos documentos legais, como a petição inicial, a contestação, os quesitos formulados pelas partes e quaisquer decisões judiciais relevantes. Compreender o contexto do caso ajuda a identificar as questões financeiras críticas que precisam ser analisadas.

- **Revisão da Documentação**: O perito deve revisar toda a documentação financeira disponível, incluindo contratos, extratos bancários, demonstrações financeiras, relatórios de auditoria e qualquer outro documento relevante. Essa revisão inicial permite ao perito identificar as áreas que requerem uma análise mais detalhada e quaisquer lacunas na documentação que precisam ser preenchidas.

- **Definição da Metodologia**: Com base na revisão inicial, o perito deve definir a metodologia que será utilizada na análise. Isso pode incluir a escolha de técnicas de análise financeira, modelos de avaliação de ativos, métodos de cálculo de juros e correção monetária, entre outros. A escolha da metodologia deve ser adequada ao tipo de análise requerida e estar em conformidade com as normas técnicas e legais aplicáveis.

Coleta e Análise de Dados

- **Coleta de Dados**: O perito deve coletar todos os dados financeiros necessários para a análise. Isso pode incluir dados históricos de mercado, taxas de juros, índices de inflação, preços de ativos, entre outros. A coleta de dados deve ser feita de forma sistemática e documentada, garantindo que todas as fontes sejam verificáveis e confiáveis.

- **Análise Quantitativa**: A análise quantitativa envolve o uso de técnicas matemáticas e estatísticas para interpretar os dados coletados. Isso pode incluir a análise de tendências, a avaliação de riscos, o cálculo de métricas financeiras, como o fluxo de caixa descontado, o valor presente líquido, a taxa interna de retorno, entre outros. A análise quantitativa deve ser realizada com precisão e rigor, garantindo que os resultados sejam robustos e confiáveis.

- **Análise Qualitativa**: Além da análise quantitativa, o perito deve realizar uma análise qualitativa dos dados. Isso envolve a interpretação dos resultados à luz do contexto do caso, a identificação de fatores qualitativos que possam impactar a análise financeira, como a governança corporativa, as condições econômicas, a regulamentação do setor, entre outros.

Elaboração de Laudos Periciais

A elaboração de laudos periciais é um processo central na prática da perícia financeira, sendo o documento que sintetiza a análise técnica realizada pelo perito e serve como base para decisões judiciais. Um laudo bem estruturado e fundamentado pode influenciar significativamente o resultado de um processo, tornando essencial que o perito siga rigorosos padrões de qualidade e clareza na sua elaboração.

Estrutura do Laudo Pericial

- **Introdução**: A introdução deve apresentar o contexto do caso, incluindo informações sobre as partes envolvidas, o objeto da perícia, e os quesitos a serem respondidos. Esta seção estabelece o escopo do trabalho pericial e fornece uma visão geral do que será abordado no laudo.

- **Metodologia**: Nesta seção, o perito deve descrever as metodologias e técnicas utilizadas na análise. Isso inclui a escolha dos métodos de cálculo, as fontes de dados, e quaisquer suposições ou premissas adotadas. A transparência na metodologia é crucial para garantir que o laudo seja verificável e confiável.

- **Análise de Dados**: A análise de dados é o núcleo do laudo pericial, onde o perito apresenta os resultados de sua investigação. Esta seção deve incluir cálculos detalhados, tabelas, gráficos e outras representações visuais que ajudem a ilustrar os achados. O perito deve explicar como os dados foram interpretados e quais conclusões foram tiradas a partir deles.

- **Conclusões**: As conclusões devem responder diretamente aos quesitos formulados, apresentando de forma clara e objetiva os resultados da análise. O perito deve justificar suas conclusões com base nos dados e na metodologia utilizada, destacando quaisquer limitações ou incertezas que possam afetar a interpretação dos resultados.

- **Recomendações**: Em alguns casos, o perito pode ser solicitado a fornecer recomendações com base em suas conclusões. Estas recomendações devem ser práticas e acionáveis, levando em consideração as implicações legais e financeiras do caso.

- **Anexos**: Os anexos podem incluir documentos de suporte, cálculos detalhados, e qualquer outra informação relevante que complemente o laudo principal. Eles servem para fornecer evidências adicionais e permitir uma verificação independente das análises realizadas.

Desafios e Soluções na Perícia Financeira

A perícia financeira é uma disciplina que combina elementos de contabilidade, finanças, economia e direito para resolver disputas complexas e fornecer insights críticos em processos judiciais e extrajudiciais. No entanto, a prática da perícia financeira não está isenta de desafios. Este subcapítulo explora os principais desafios enfrentados pelos peritos financeiros e propõe soluções práticas para superá-los, garantindo que suas análises sejam precisas, imparciais e juridicamente válidas.

Desafios na Perícia Financeira

1. **Desafios Técnicos**: A análise de grandes volumes de dados financeiros pode ser avassaladora, especialmente quando os dados são provenientes de múltiplas fontes e em diferentes formatos. Os peritos devem ser capazes de gerenciar essa complexidade, garantindo que os dados sejam organizados, limpos e analisados de forma eficaz.

2. **Desafios Legais**: Os peritos devem garantir que suas análises estejam em conformidade com as normas legais e regulatórias relevantes. Isso inclui a aplicação correta de taxas de juros, índices de correção monetária e outras disposições legais que possam impactar o caso.

3. **Desafios Éticos**: Manter a imparcialidade é crucial para a credibilidade do perito. Isso pode ser desafiador em casos onde as partes envolvidas tentam influenciar as conclusões do perito. Os peritos devem se esforçar para permanecer neutros e objetivos, garantindo que suas análises sejam baseadas exclusivamente em dados e fatos.

4. **Desafios de Comunicação**: Explicar conceitos financeiros complexos de forma clara e acessível é um desafio comum. Os peritos devem ser capazes de traduzir sua análise técnica em linguagem compreensível para leigos, evitando jargões e termos técnicos sempre que possível.

Soluções para os Desafios na Perícia Financeira

1. **Uso de Tecnologia**: Adotar tecnologias avançadas, como software de análise financeira e ferramentas de visualização de dados, pode ajudar a gerenciar grandes volumes de dados e realizar análises complexas de forma mais eficiente. Esses recursos também podem facilitar a detecção de padrões e tendências nos dados.

2. **Educação Contínua**: Manter-se atualizado sobre as melhores práticas e metodologias analíticas é crucial. Participar de cursos, workshops e conferências pode ajudar os peritos a aprimorar suas habilidades técnicas e a se manterem informados sobre as últimas tendências do setor.

3. **Consultoria Jurídica**: Trabalhar em estreita colaboração com advogados e consultores jurídicos pode ajudar os peritos a interpretar corretamente cláusulas contratuais e a garantir a conformidade com as normas legais. Essa colaboração pode ser especialmente útil em casos complexos que envolvem legislação específica.

4. **Treinamento em Comunicação**: Participar de treinamento em comunicação pode ajudar os peritos a desenvolver habilidades de apresentação e a melhorar sua capacidade de explicar conceitos complexos de forma clara e acessível.

Importância da Ética e da Imparcialidade

A ética e a imparcialidade são pilares fundamentais na elaboração de laudos periciais. O perito deve aderir a um código de conduta que enfatize a integridade, a objetividade e a transparência em todas as etapas do processo.

- **Evitar Conflitos de Interesse**: O perito deve evitar qualquer situação que possa comprometer sua imparcialidade, recusando nomeações em casos onde exista um conflito de interesse, seja ele financeiro, pessoal ou profissional.

- **Confidencialidade**: O perito deve manter a confidencialidade das informações obtidas durante a perícia, compartilhando dados apenas com as partes autorizadas e conforme necessário para a elaboração do laudo.

- **Integridade**: A integridade do perito é essencial para a confiança no processo judicial. Isso significa que o perito deve aderir a padrões éticos rigorosos, garantindo que suas análises sejam baseadas em dados objetivos e metodologias aceitas.

Conclusão

Os procedimentos avançados e as melhores práticas na perícia financeira são fundamentais para a condução de análises precisas e fundamentadas que possam auxiliar na resolução de disputas judiciais e extrajudiciais. Desde a preparação inicial até a elaboração do laudo pericial, cada etapa do processo requer atenção aos detalhes, rigor metodológico e compromisso com a imparcialidade e a integridade. Ao adotar melhores práticas e utilizar ferramentas e recursos adequados, os peritos financeiros podem garantir que seu trabalho seja técnico, preciso e juridicamente válido, contribuindo para a justiça e a equidade no sistema financeiro e legal.

Capítulo 2 - Processo Judicial e o Papel do Perito

Este subcapítulo fornece uma análise abrangente das funções e limitações dos assistentes técnicos, destacando sua importância e os desafios que enfrentam.

2.4: Assistente Técnico: Funções e Limitações

No contexto judicial, além do perito nomeado pelo juiz, as partes envolvidas no processo têm o direito de indicar assistentes técnicos. Esses profissionais desempenham um papel crucial no auxílio à parte que os indicou, oferecendo suporte técnico e contribuindo para a elaboração de estratégias jurídicas. Este subcapítulo explora em detalhes as funções e limitações dos assistentes técnicos, destacando sua importância e como eles interagem com o processo judicial.

Funções do Assistente Técnico

Os assistentes técnicos são profissionais especializados contratados pelas partes para fornecer consultoria técnica durante o processo judicial. Suas funções principais incluem:

- **Análise Crítica do Laudo Pericial**: Uma das principais responsabilidades do assistente técnico é revisar o laudo pericial elaborado pelo perito nomeado pelo juiz. O assistente técnico deve verificar a precisão dos cálculos, a adequação das metodologias utilizadas e a validade das conclusões apresentadas. Essa análise crítica é fundamental para identificar possíveis erros ou omissões que possam impactar o resultado do processo.
- **Elaboração de Pareceres Técnicos**: Com base na análise do laudo pericial e em sua própria investigação, o assistente técnico pode elaborar pareceres técnicos que são apresentados ao juiz e às partes. Esses pareceres oferecem uma visão alternativa ou complementar à do perito, destacando pontos de discordância e sugerindo interpretações diferentes dos dados.

- **Assessoria à Parte Contratante**: O assistente técnico atua como um consultor da parte que o contratou, oferecendo orientações sobre questões técnicas e estratégias jurídicas. Ele ajuda a parte a entender os aspectos técnicos do processo e como eles podem impactar o resultado final.
- **Participação em Audiências**: Em alguns casos, o assistente técnico pode ser chamado a participar de audiências para explicar suas análises e responder a perguntas do juiz ou dos advogados. Durante essas sessões, ele deve estar preparado para defender suas conclusões e esclarecer quaisquer dúvidas sobre seu parecer técnico.

Limitações do Assistente Técnico

Embora o assistente técnico desempenhe um papel importante no processo judicial, ele está sujeito a certas limitações que são fundamentais para garantir a imparcialidade e a integridade do processo.

- **Falta de Imparcialidade**: Diferentemente do perito nomeado pelo juiz, o assistente técnico não é obrigado a ser imparcial, uma vez que ele é contratado por uma das partes. No entanto, essa falta de imparcialidade pode ser vista como uma limitação, pois suas análises podem ser percebidas como tendenciosas.
- **Acesso Limitado a Informações**: O assistente técnico pode ter acesso limitado a determinadas informações e documentos, dependendo das decisões do juiz sobre sigilo e confidencialidade. Isso pode restringir sua capacidade de conduzir uma análise completa.
- **Dependência da Parte Contratante**: O assistente técnico depende da parte contratante para obter informações e recursos necessários para realizar seu trabalho. Isso pode limitar sua autonomia e capacidade de conduzir investigações independentes.
- **Influência Limitada no Processo Decisório**: Embora o assistente técnico possa influenciar a estratégia jurídica da parte que o contratou, sua capacidade de impactar diretamente a decisão do juiz é limitada. O juiz pode considerar seus pareceres, mas não é obrigado a segui-los.

Interação com o Perito e o Juízo

A interação entre o assistente técnico, o perito nomeado pelo juiz e o juízo é uma parte essencial do processo judicial. Essa interação deve ser gerida com cuidado para garantir que todas as partes tenham a oportunidade de apresentar suas análises e conclusões.

- **Colaboração com o Perito**: Em alguns casos, o assistente técnico pode colaborar com o perito, fornecendo dados adicionais ou esclarecendo questões técnicas. No entanto, essa colaboração deve ser conduzida de maneira a respeitar a independência e a imparcialidade do perito.
- **Comunicação com o Juízo**: O assistente técnico pode apresentar seus pareceres diretamente ao juiz, especialmente se houver discordâncias significativas com o laudo pericial. Essa comunicação deve ser clara e fundamentada, destacando as razões para as diferentes interpretações dos dados.
- **Participação em Reuniões e Audiências**: O assistente técnico pode participar de reuniões e audiências para discutir questões técnicas com o perito e o juiz. Durante essas sessões, ele deve manter uma postura profissional e respeitosa, apresentando suas análises de forma objetiva.

Importância do Assistente Técnico no Processo

Apesar de suas limitações, o assistente técnico desempenha um papel vital no processo judicial, oferecendo uma perspectiva técnica alternativa que pode enriquecer o debate e contribuir para a justiça do processo.

- **Diversidade de Perspectivas**: Ao oferecer uma visão técnica alternativa, o assistente técnico ajuda a garantir que todas as interpretações possíveis dos dados sejam consideradas, promovendo uma análise mais robusta e abrangente.
- **Suporte à Parte Contratante**: O assistente técnico fornece suporte técnico crucial à parte que o contratou, ajudando-a a compreender as complexidades técnicas do caso e a desenvolver estratégias jurídicas eficazes.

- **Contribuição para a Justiça**: Ao identificar erros ou omissões no laudo pericial, o assistente técnico contribui para a justiça do processo, garantindo que as decisões judiciais sejam baseadas em análises precisas e completas.

Desafios Enfrentados pelos Assistentes Técnicos

Os assistentes técnicos enfrentam uma série de desafios que podem impactar sua capacidade de fornecer análises eficazes e imparciais.

- **Pressões da Parte Contratante**: O assistente técnico pode enfrentar pressões da parte contratante para produzir análises que favoreçam seus interesses. Manter a integridade e a objetividade em face dessas pressões é um desafio constante.
- **Complexidade Técnica**: A natureza complexa das questões financeiras pode tornar a análise técnica um desafio significativo. O assistente técnico deve possuir um conhecimento profundo das metodologias financeiras e ser capaz de aplicá-las de forma precisa e eficaz.
- **Gestão de Tempo e Recursos**: O assistente técnico deve gerenciar seu tempo e recursos de forma eficaz para atender aos prazos estabelecidos pelo processo judicial, garantindo que suas análises sejam completas e precisas.

Melhores Práticas para Assistentes Técnicos

Para superar os desafios e maximizar sua eficácia, os assistentes técnicos podem adotar uma série de melhores práticas que promovem a qualidade e a integridade de suas análises.

- **Educação Contínua**: Manter-se atualizado sobre as melhores práticas em análise financeira e metodologias periciais é crucial. Participar de cursos e workshops pode ajudar os assistentes técnicos a aprimorar suas habilidades e a lidar com desafios técnicos de forma eficaz.
- **Documentação Rigorosa**: Manter uma documentação rigorosa de todas as etapas do processo de análise é essencial. Isso inclui registrar

todas as interações com a parte contratante, o perito e o juízo, bem como as metodologias e os dados utilizados nas análises.
- **Comunicação Clara e Concisa**: Ao elaborar pareceres e relatórios, o assistente técnico deve se esforçar para ser claro e conciso, evitando jargões técnicos sempre que possível. Isso ajuda a garantir que suas conclusões sejam compreendidas por todos os envolvidos.
- **Ética e Integridade**: Manter a ética e a integridade é fundamental para a credibilidade do assistente técnico. Isso significa evitar conflitos de interesse, manter a confidencialidade das informações e garantir que suas análises sejam baseadas em dados objetivos e metodologias aceitas.

Conclusão

Os assistentes técnicos desempenham um papel vital no processo judicial, oferecendo suporte técnico e uma perspectiva alternativa que pode enriquecer o debate e contribuir para a justiça do processo. Embora enfrentem desafios significativos, como pressões externas e complexidade técnica, eles têm a oportunidade de impactar positivamente o resultado do processo ao aderir a práticas eficazes e padrões éticos rigorosos. Ao fornecer análises precisas e bem fundamentadas, os assistentes técnicos ajudam a garantir que as decisões judiciais sejam justas e baseadas em uma compreensão completa das questões técnicas envolvidas.

Capítulo 3 - Matemática Financeira Aplicada

Este subcapítulo fornece uma exploração detalhada dos conceitos fundamentais de matemática financeira, destacando sua importância e aplicação na prática pericial.

3.1: Conceitos Fundamentais

A matemática financeira é a base sobre a qual a perícia financeira se apoia para realizar análises precisas e fundamentadas. Compreender os conceitos fundamentais de matemática financeira é essencial para qualquer perito que deseja atuar com competência e eficácia. Este subcapítulo explora os conceitos de juros simples e compostos, além das taxas nominal e efetiva, oferecendo uma base sólida para a aplicação prática desses conceitos em contextos judiciais e extrajudiciais.

Juros Simples

Os juros simples são um dos conceitos mais básicos da matemática financeira. Eles são calculados apenas sobre o valor principal, ou seja, o valor inicial de um empréstimo ou investimento, sem considerar os juros acumulados ao longo do tempo.

- **Fórmula do Juros Simples**: A fórmula básica para calcular os juros simples é:

$$J = P \times i \times n$$

Onde:

- J é o valor dos juros.
- P é o principal ou capital inicial.
- i é a taxa de juros por período.
- n) é o número de períodos.

- **Aplicações Práticas**: Os juros simples são frequentemente utilizados em situações de curto prazo, como empréstimos pessoais, financiamentos de curto prazo e algumas aplicações de renda fixa. No contexto da perícia financeira, entender os juros simples é crucial para analisar contratos que não preveem a capitalização de juros.
- **Exemplo de Cálculo**: Imagine um empréstimo de R$ 10.000,00 com uma taxa de juros simples de 5% ao ano, por um período de 3 anos. O cálculo dos juros seria:

$$J = 10.000 \times 0,05 \times 3 = 1.500$$

Portanto, os juros totais pagos seriam de R$ 1.500,00.

Juros Compostos

Os juros compostos são calculados sobre o valor principal e também sobre os juros acumulados de períodos anteriores. Essa forma de cálculo é mais comum em investimentos e financiamentos de longo prazo.

- **Fórmula do Juros Compostos**: A fórmula para calcular os juros compostos é:

$$M = P \times (1 + i)^n$$

Onde:

- M é o montante final, incluindo o principal e os juros.
- P) é o principal ou capital inicial.
- i) é a taxa de juros por período.
- n) é o número de períodos.

Importância dos Juros Compostos: Eles são amplamente utilizados em financiamentos imobiliários, investimentos em ações, fundos de investimento e contas de poupança. Na perícia financeira, os juros compostos são frequentemente analisados em casos de anatocismo, onde a legalidade da cobrança de juros sobre juros é questionada.

Exemplo de Cálculo: Considere um investimento de R$ 5.000,00 com uma taxa de juros compostos de 4% ao ano, por 5 anos. O cálculo do montante seria:

$$M = 5.000 \times (1 + 0,04)^5 \approx 6.083,26$$

Assim, o montante final seria de aproximadamente R$ 6.083,26, com juros de R$ 1.083,26.

Taxa Nominal e Taxa Efetiva

As taxas de juros podem ser expressas de diferentes maneiras, sendo as mais comuns a taxa nominal e a taxa efetiva. Compreender a diferença entre elas é vital para a análise financeira.

- **Taxa Nominal**: É a taxa de juros declarada em um contrato, geralmente anual, que não considera a capitalização de juros durante o período. A taxa nominal é usada principalmente para fins de comparação e não reflete necessariamente o custo real de um empréstimo ou o retorno de um investimento.
- **Taxa Efetiva**: Considera a capitalização dos juros durante o período e representa o custo real ou o retorno efetivo de um investimento ou financiamento. A taxa efetiva é calculada usando a fórmula dos juros compostos e fornece uma visão mais precisa do impacto dos juros ao longo do tempo.
- **Relação entre Taxa Nominal e Efetiva**: A taxa efetiva é sempre igual ou maior que a taxa nominal, dependendo da frequência de capitalização. Quanto mais frequente for a capitalização, maior será a diferença entre as duas taxas.
- **Exemplo de Cálculo**: Se um empréstimo tem uma taxa nominal de 12% ao ano, capitalizada mensalmente, a taxa efetiva pode ser calculada da seguinte forma:

$$i_{efetiva} = \left(1 + \frac{\text{Taxa Nominal}}{\text{Número de Períodos por Ano}}\right)^{\text{Número de Períodos por Ano}} - 1$$

Aplicação da Fórmula ao Exemplo:

1. **Identificar a Taxa Nominal e a Frequência de Capitalização:**

   - **Taxa Nominal:** 12% ao ano.
   - **Frequência de Capitalização:** Mensal, ou seja, 12 vezes por ano.

2. **Substituir os Valores na Fórmula:**

   - Taxa Nominal por período = $\frac{0{,}12}{12}$ = 0,01 ou 1% ao mês.

3. **Calcular a Taxa Efetiva Anual:**

$$i_{efetiva} = (1 + 0{,}01)^{12} - 1$$

4. **Resolver a Equação:**

   - Calcule $(1 + 0{,}01)^{12}$:

$$(1{,}01)^{12} \approx 1{,}1268$$

   - Subtraia 1 do resultado:

$$1{,}1268 - 1 = 0{,}1268$$

5. **Converter para Percentual:**

   - 0,1268 é aproximadamente 12,68%.

Isso significa que a taxa efetiva anual é de 12,68%.

A taxa efetiva é uma medida importante porque leva em conta o efeito dos juros compostos, proporcionando uma visão mais precisa do custo real de um empréstimo ou do retorno de um investimento.

Aplicações na Perícia Financeira

A compreensão dos conceitos de juros simples, compostos e das taxas nominal e efetiva é essencial na perícia financeira por várias razões:

- **Avaliação de Contratos**: Peritos financeiros frequentemente avaliam contratos de empréstimo e financiamento para determinar se as taxas de juros aplicadas estão de acordo com as condições contratuais e as normas legais. Isso inclui a verificação de práticas de anatocismo e a análise da legalidade das taxas de juros cobradas.
- **Cálculos de Liquidação de Sentenças**: Em processos judiciais, os peritos são responsáveis por calcular o valor devido em liquidações de sentenças, considerando a aplicação correta de juros e correção monetária. Isso requer um entendimento preciso de como as taxas de juros afetam o valor total devido ao longo do tempo.
- **Análise de Investimentos**: Em disputas que envolvem investimentos, os peritos avaliam o desempenho de ativos financeiros, considerando a aplicação de juros compostos e a comparação entre taxas nominais e efetivas para determinar o retorno real sobre o investimento.

Desafios na Aplicação dos Conceitos

Apesar de sua importância, a aplicação dos conceitos de matemática financeira pode apresentar desafios, especialmente em casos complexos que envolvem múltiplas variáveis e condições contratuais específicas.

- **Interpretação Contratual**: A interpretação das cláusulas contratuais relacionadas a taxas de juros pode ser complexa, especialmente quando os contratos não são claros sobre as condições de capitalização e cálculo de juros.
- **Cálculos Precisos**: Realizar cálculos precisos de juros, especialmente em casos que envolvem longos períodos de tempo e múltiplas taxas, requer atenção aos detalhes e uma compreensão aprofundada das fórmulas financeiras.
- **Conformidade Legal**: Garantir que os cálculos estejam em conformidade com as normas legais e regulatórias é crucial, especialmente em casos de disputas judiciais onde a legalidade das práticas financeiras é questionada.

Para lidar com esses desafios, os peritos financeiros podem utilizar uma variedade de ferramentas e recursos que facilitam a aplicação dos conceitos de matemática financeira:

- **Software de Cálculo Financeiro**: Existem vários softwares disponíveis que automatizam o cálculo de juros simples e compostos, além de fornecer ferramentas para a análise de taxas nominais e efetivas. Esses programas podem ajudar a garantir a precisão e a eficiência dos cálculos periciais.
- **Calculadoras Financeiras**: Calculadoras financeiras, como a HP 12C, são ferramentas valiosas para peritos que precisam realizar cálculos complexos de forma rápida e precisa. Elas permitem a entrada de dados específicos e fornecem resultados instantâneos para uma variedade de cálculos financeiros.
- **Cursos e Treinamentos**: Participar de cursos e treinamentos em matemática financeira pode ajudar os peritos a aprimorar suas habilidades e se manter atualizados sobre as melhores práticas e metodologias de cálculo.

Conclusão

Os conceitos fundamentais de matemática financeira são essenciais para a prática da perícia financeira, fornecendo a base necessária para a análise precisa e fundamentada de contratos, investimentos e cálculos judiciais. Ao dominar os conceitos de juros simples, compostos, e as diferenças entre taxas nominal e efetiva, os peritos financeiros podem garantir que suas análises sejam técnicas, precisas e juridicamente válidas. Esses conhecimentos não apenas facilitam a resolução de disputas judiciais, mas também contribuem para a justiça e a equidade no sistema financeiro como um todo.

Capítulo 3 - Matemática Financeira Aplicada

Este subcapítulo oferece uma visão abrangente dos principais sistemas de amortização, destacando suas características, cálculos e aplicações práticas.

3.2: Sistemas de Amortização

Os sistemas de amortização são métodos utilizados para calcular o pagamento de dívidas ao longo do tempo, distribuindo o valor do principal e dos juros em prestações. Compreender esses sistemas é crucial para peritos financeiros, pois eles frequentemente lidam com contratos de financiamento e empréstimos. Este subcapítulo explora os principais sistemas de amortização: Tabela Price, SAC (Sistema de Amortização Constante), SACRE (Sistema de Amortização Crescente) e SACOC (Sistema de Amortização Constante com Carência), destacando suas características, cálculos e aplicações práticas.

Tabela Price

A Tabela Price, também conhecida como Sistema Francês de Amortização, é um dos métodos mais utilizados em financiamentos, especialmente em empréstimos imobiliários e de veículos. Este sistema é caracterizado por prestações fixas ao longo do tempo, onde a proporção de juros e amortização varia em cada pagamento.

- **Características**:
    - **Prestações Fixas**: O valor das prestações permanece constante ao longo do período de financiamento.
    - **Juros Decrescentes**: A parcela de juros é maior no início do contrato e diminui com o tempo.
    - **Amortização Crescente**: A parte da prestação destinada à amortização do principal aumenta ao longo do tempo.
- **Cálculo**:

- A fórmula para calcular o valor da prestação (PMT) na Tabela Price é:

$$PMT = P \times \frac{i(1+i)^n}{(1+i)^n - 1}$$

Onde:

PMT: Valor da prestação mensal.

P: Principal ou valor financiado.

i: Taxa de juros por período (mensal, por exemplo).

n: Número total de períodos (número de meses, por exemplo).

- **Exemplo Prático**: Imagine um empréstimo de R$ 100.000,00 a uma taxa de juros de 12% ao ano, com pagamentos mensais ao longo de 5 anos (60 meses). A taxa de juros mensal seria de 1% (12%/12). O cálculo da prestação mensal usando a Tabela Price seria:

PMT = 100.000 x [(0,01(1+0,01)^60) / ((1+0,01)^60) − 1] = approx R$ 2.224,44

Neste exemplo, a prestação mensal seria de aproximadamente R$ 2.224,44.

Para facilitar a compreensão do leitor, a fórmula pode ser explicada em etapas:

1. **Calcular o Fator de Juros**: ((1+i)^n)

    Este fator considera o efeito dos juros compostos ao longo de (n) períodos.

2. **Calcular o Numerador**: (i x (1+i)^n)

    Multiplica a taxa de juros pelo fator de juros.

3. **Calcular o Denominador**: ((1+i)^n - 1)

    Subtrai 1 do fator de juros.

4. **Calcular a Prestação**: Multiplique o principal (P) pelo resultado da fração entre o numerador e o denominador.

- **Aplicações**: A Tabela Price é amplamente utilizada em financiamentos imobiliários e de veículos devido à previsibilidade das prestações, facilitando o planejamento financeiro dos mutuários.

Sistema de Amortização Constante (SAC)

O Sistema de Amortização Constante (SAC) é caracterizado por amortizações fixas do principal em cada período, resultando em prestações decrescentes ao longo do tempo.

- **Características**:
    - **Amortização Fixa**: A parte do pagamento que reduz o saldo devedor é constante em cada período.
    - **Juros Decrescentes**: Os juros são calculados sobre o saldo devedor remanescente, resultando em uma diminuição dos juros pagos ao longo do tempo.
    - **Prestações Decrescentes**: Como os juros diminuem, o valor total das prestações também diminui ao longo do tempo.
- **Cálculo**:
    - A amortização mensal ((A)) é calculada dividindo o valor do principal ((P)) pelo número total de períodos ((n)):

$$A = \frac{P}{n}$$

    - O valor dos juros ((J)) em cada período é calculado sobre o saldo devedor remanescente:

$$J = S \times i$$

- Onde (S) é o saldo devedor no início do período e (i) é a taxa de juros por período.
    - A prestação total ((PMT)) é a soma da amortização e dos juros:

$$PMT = A + J$$

- **Exemplo Prático**: Considerando o mesmo empréstimo de R$ 100.000,00 a uma taxa de juros de 12% ao ano (1% ao mês) por 5 anos (60 meses), a amortização mensal seria:

A = 100.000 / 60 = R$ 1.666,67

No primeiro mês, os juros seriam:

J = 100.000 x 0,01 = R$ 1.000,00

A prestação total no primeiro mês seria:

PMT = 1.666,67 + 1.000 = R$ 2.666,67

No segundo mês, o saldo devedor seria R$ 98.333,33, e os juros seriam calculados sobre esse valor, resultando em uma prestação menor.

- **Aplicações**: O SAC é frequentemente utilizado em financiamentos habitacionais, pois permite uma redução gradual das prestações, o que pode ser vantajoso para mutuários que esperam uma redução de renda ao longo do tempo.

Sistema de Amortização Crescente (SACRE)

O Sistema de Amortização Crescente (SACRE) combina características dos sistemas SAC e Tabela Price, ajustando as prestações ao longo do tempo para refletir mudanças nos índices de correção monetária.

- **Características**:
    - **Prestações Ajustáveis**: As prestações são ajustadas periodicamente com base em um índice de correção monetária, como a TR (Taxa Referencial).
    - **Amortização Crescente**: Similar ao SAC, a amortização do principal tende a aumentar ao longo do tempo.

- **Juros Calculados sobre Saldo Atualizado**: Os juros são calculados sobre o saldo devedor atualizado, refletindo as mudanças nos índices de correção.
- **Cálculo**:
  - O cálculo no SACRE é mais complexo devido à necessidade de atualizar o saldo devedor com base em índices de correção monetária. Isso exige uma abordagem iterativa, onde o saldo é ajustado a cada período antes do cálculo dos juros.
- **Exemplo Prático**: Suponha um financiamento de R$ 150.000,00 com uma taxa de juros de 10% ao ano, corrigida pela TR, e uma amortização inicial de R$ 1.500,00. Se a TR for de 0,5% ao mês, o saldo devedor é ajustado antes do cálculo dos juros.
  - Amortização inicial: R$ 1.500,00
  - Saldo devedor inicial: R$ 150.000,00
  - Saldo ajustado pela TR: R$ 150.750,00
  - Juros sobre saldo ajustado: R$ 150.750,00 × 0,0083 (taxa mensal) = R$ 1.250,23
  - Prestação total: R$ 1.500,00 + R$ 1.250,23 = R$ 2.750,23

Este exemplo ilustra como as prestações podem variar com base nos ajustes do saldo devedor.

- **Aplicações**: O SACRE é utilizado em financiamentos de longo prazo que requerem ajustes periódicos para refletir mudanças econômicas, como financiamentos habitacionais indexados a índices de inflação.

Sistema de Amortização Constante com Carência (SACOC)

O SACOC é uma variação do SAC que incorpora um período de carência, durante o qual o mutuário paga apenas os juros, sem amortizar o principal.

- **Características**:
  - **Período de Carência**: Durante a carência, o mutuário paga apenas os juros, o que reduz o valor das prestações iniciais.
  - **Amortização Constante Pós-Carência**: Após a carência, as amortizações são constantes, como no SAC.

- o **Flexibilidade Inicial**: Oferece flexibilidade ao mutuário que espera um aumento de renda ou mudança de condições financeiras no futuro.
- **Cálculo**:
  - o Durante a carência, o cálculo é semelhante ao dos juros simples, onde o mutuário paga apenas os juros sobre o saldo devedor.
  - o Após a carência, o cálculo segue o modelo do SAC, com amortizações constantes.
- **Exemplo Prático**: Considere um empréstimo de R$ 200.000,00 com uma taxa de juros de 8% ao ano, com um período de carência de 2 anos e um prazo total de 10 anos.
  - o Durante a carência (2 anos): Juros anuais = R$ 200.000 × 0,08 = R$ 16.000
  - o Prestação anual durante a carência: R$ 16.000 / 12 = R$ 1.333,33
  - o Após a carência (8 anos restantes): Amortização mensal = R$ 200.000 / 96 = R$ 2.083,33
  - o Juros mensais iniciais após carência = R$ 200.000 × 0,0067 = R$ 1.333,33
  - o Prestação inicial após carência: R$ 2.083,33 + R$ 1.333,33 = R$ 3.416,66
- **Aplicações**: O SACOC é ideal para mutuários que esperam uma melhora financeira futura, como profissionais em início de carreira ou empresas em fase de expansão, pois permite um alívio financeiro inicial.

Comparação dos Sistemas de Amortização

Cada sistema de amortização possui características únicas que o tornam mais adequado para diferentes situações financeiras. A escolha do sistema ideal depende de fatores como a capacidade de pagamento do mutuário, a expectativa de mudanças na renda e as condições econômicas gerais.

Sistema	Prestações	Amortização	Juros	Aplicações Comuns
Tabela Price	Fixas	Crescente	Decrescente	Financiamentos de veículos e imóveis
SAC	Decrescentes	Constante	Decrescente	Financiamentos habitacionais
SACRE	Ajustáveis	Crescente	Sobre saldo ajustado	Financiamentos com correção monetária
SACOC	Variável (inicial)	Constante (pós-carência)	Constante (inicial)	Financiamentos com carência inicial

Conclusão

Os sistemas de amortização são ferramentas essenciais na estruturação de financiamentos e empréstimos. Compreender suas características e cálculos permite que peritos financeiros analisem contratos com precisão, identifiquem práticas abusivas e ofereçam insights valiosos em processos judiciais. Cada sistema oferece vantagens e desvantagens que devem ser cuidadosamente consideradas ao escolher a estrutura de financiamento mais adequada para cada situação. Ao dominar esses conceitos, os peritos podem garantir que suas análises sejam técnicas, precisas e juridicamente válidas, contribuindo para a justiça e a equidade no sistema financeiro.

Capítulo 3 - Matemática Financeira Aplicada

Este subcapítulo oferece uma exploração detalhada dos principais métodos de análise de investimentos, destacando sua importância e aplicação na prática pericial.

3.3: Análise de Investimentos

A análise de investimentos é um componente crucial da matemática financeira aplicada, especialmente no contexto de perícias financeiras. Esta análise envolve a avaliação de projetos e ativos financeiros para determinar sua viabilidade e potencial de retorno. Neste subcapítulo, exploraremos os principais métodos de análise de investimentos, incluindo o Valor Presente Líquido (VPL), a Taxa Interna de Retorno (TIR), o Payback e o Índice de Lucratividade (IL). Cada método oferece uma perspectiva única sobre o valor e a rentabilidade de um investimento, permitindo decisões mais informadas.

Valor Presente Líquido (VPL)

O Valor Presente Líquido é uma técnica de avaliação que calcula o valor presente de um fluxo de caixa futuro descontado a uma taxa de retorno específica. É uma das ferramentas mais utilizadas na análise de investimentos devido à sua capacidade de medir o valor agregado por um projeto.

- **Fórmula do VPL:**

$$VPL = \sum_{t=0}^{n} \frac{FC_t}{(1+r)^t} - C_0$$

Onde:

VPL: Valor Presente Líquido, que mede o valor atual de um fluxo de caixa futuro descontado a uma taxa específica, subtraindo o investimento inicial.

$\sum$: Símbolo de somatório, indicando que você deve somar os valores calculados para cada período t.

FCt: Fluxo de caixa no período t. Representa o valor do dinheiro que entra ou sai em cada período.

r: Taxa de desconto. É a taxa de retorno exigida ou o custo de capital.

t: Período de tempo, que varia de 0 até n.

Co : Investimento inicial. É o valor investido no início do projeto.

Passo a Passo para o Cálculo do VPL:

1. **Calcular o Valor Presente de Cada Fluxo de Caixa**:

    Para cada período (t), calcule o valor presente do fluxo de caixa usando a fórmula: $[FCt/(1 + r)^t\,]$

    Isso ajusta o valor do fluxo de caixa para refletir seu valor no tempo presente, considerando a taxa de desconto (r).

2. **Somar os Valores Presentes**:

    Some todos os valores presentes calculados para cada período (t) para obter o valor total presente dos fluxos de caixa futuros.

3. **Subtrair o Investimento Inicial**:

Subtraia o investimento inicial (C_0) do valor total presente dos fluxos de caixa para obter o VPL.

- **Interpretação**:
    - Um VPL positivo indica que o investimento deve gerar mais valor do que o custo de capital, tornando-o atraente.
    - Um VPL negativo sugere que o investimento não cobre o custo de capital, devendo ser evitado.
- **Exemplo Prático**: Considere um projeto com um investimento inicial de R$ 100.000,00 e fluxos de caixa de R$ 30.000,00, R$ 40.000,00 e R$ 50.000,00 nos próximos três anos. Se a taxa de desconto for de 10%, o VPL pode ser calculado como:

$$VPL = \frac{30.000}{(1+0,1)^1} + \frac{40.000}{(1+0,1)^2} + \frac{50.000}{(1+0,1)^3} - 100.000$$

$$VPL = 27.272,73 + 33.057,85 + 37.565,02 - 100.000 = -2.104,40$$

Neste exemplo, o VPL negativo indica que o projeto não é viável sob a taxa de desconto de 10%. Essa fórmula é fundamental para a análise de viabilidade de projetos de investimento, ajudando a determinar se um projeto deve ser aceito ou rejeitado com base no valor que ele pode agregar.

Taxa Interna de Retorno (TIR)

A Taxa Interna de Retorno é a taxa de desconto que torna o VPL de um projeto igual a zero. É uma métrica amplamente utilizada para avaliar a rentabilidade potencial de um investimento. Em outras palavras, é a taxa na qual o valor presente dos fluxos de caixa futuros iguala o investimento inicial.

- **Cálculo da TIR**:
    - A TIR é encontrada iterativamente, ajustando a taxa de desconto até que o VPL seja zero.

$$0 = \sum_{t=0}^{n} \frac{FC_t}{(1+TIR)^t} - C_0$$

Onde:

TIR: Taxa Interna de Retorno que estamos tentando encontrar.
Σ: Símbolo de somatório, indicando que você deve somar os valores calculados para cada período t.
FCt: Fluxo de caixa no período t. Representa o valor do dinheiro que entra ou sai em cada período.
r: Taxa de desconto. É a taxa de retorno exigida ou o custo de capital.
t: Período de tempo, que varia de 0 até n.
Co : Investimento inicial. É o valor investido no início do projeto.

Processo Iterativo para Encontrar a TIR:

1. **Estimar uma Taxa Inicial**:

   Comece com uma estimativa inicial para a TIR. Isso pode ser qualquer valor, mas geralmente começa com uma taxa de retorno esperada.

2. **Calcular o VPL**:

   Use a taxa estimada para calcular o VPL usando a fórmula de cálculo da TIR.

3. **Ajustar a Taxa**:

   Se o VPL calculado for maior que zero, aumente a taxa de desconto. Se for menor que zero, diminua a taxa de desconto.

4. **Repetir o Processo**:

   Continue ajustando a taxa e recalculando o VPL até que o VPL seja próximo de zero. Este é um processo iterativo que pode ser facilitado pelo uso de calculadoras financeiras ou software especializado.

- **Interpretação**:
   - Se a TIR for maior que o custo de capital, o investimento é considerado viável, pois a TIR supera o custo de capital.
   - Se a TIR for menor que o custo de capital, o investimento deve ser rejeitado, pois não atende ao retorno exigido.
- **Exemplo Prático**: Usando o mesmo projeto do exemplo anterior, a TIR é a taxa que satisfaz:

$$0 = \frac{30.000}{(1+TIR)^1} + \frac{40.000}{(1+TIR)^2} + \frac{50.000}{(1+TIR)^3} - 100.000$$

Suponha que a TIR calculada seja de 8%. Como a TIR é menor que a taxa de desconto de 10%, o projeto não é viável.

A TIR é uma métrica amplamente utilizada para avaliar a rentabilidade de investimentos, pois fornece uma taxa de retorno percentual que pode ser facilmente comparada com outras oportunidades de investimento ou taxas de retorno exigidas

Payback

O Payback é o tempo necessário para recuperar o investimento inicial de um projeto. É uma medida simples e intuitiva, mas não considera o valor do dinheiro no tempo.

- **Cálculo do Payback**:
    - O Payback é calculado somando os fluxos de caixa até que o investimento inicial seja recuperado.
- **Interpretação**:
    - Um período de payback curto é geralmente preferido, pois indica um retorno mais rápido do investimento.
- **Exemplo Prático**: Com um investimento inicial de R$ 100.000,00 e fluxos de caixa de R$ 30.000,00, R$ 40.000,00 e R$ 50.000,00, o payback é calculado somando os fluxos de caixa:
    - Ano 1: R$ 30.000,00
    - Ano 2: R$ 30.000,00 + R$ 40.000,00 = R$ 70.000,00
    - Ano 3: R$ 70.000,00 + R$ 50.000,00 = R$ 120.000,00

O payback ocorre no terceiro ano, quando o investimento inicial é totalmente recuperado.

Índice de Lucratividade (IL)

O Índice de Lucratividade é a razão entre o valor presente dos fluxos de caixa futuros e o investimento inicial. É uma medida complementar ao VPL e pode ser útil na comparação de projetos.

- **Fórmula do IL**:

$$IL = \frac{\sum_{t=0}^{n} \frac{FC_t}{(1+r)^t}}{C_0}$$

Onde:

IL: Índice de Lucratividade

∑: Símbolo de somatório, indicando que você deve somar os valores calculados para cada período t.

FCt: Fluxo de caixa no período t. Representa o valor do dinheiro que entra ou sai em cada período.

r: Taxa de desconto. É a taxa de retorno exigida ou o custo de capital.

t: Período de tempo, que varia de 0 até n.

Co : Investimento inicial. É o valor investido no início do projeto.

Passo a Passo para o Cálculo do IL:

1. **Calcular o Valor Presente de Cada Fluxo de Caixa:**

    Para cada período (t), calcule o valor presente do fluxo de caixa usando a fórmula: $FC_t / \{(1 + r)^t\}$

    Isso ajusta o valor do fluxo de caixa para refletir seu valor no tempo presente, considerando a taxa de desconto (r).

2. **Somar os Valores Presentes:**

    Some todos os valores presentes calculados para cada período (t) para obter o valor total presente dos fluxos de caixa futuros.

3. **Dividir pelo Investimento Inicial:**

    Divida o valor presente total dos fluxos de caixa pelo investimento inicial (C_0) para obter o Índice de Lucratividade.

- **Interpretação:**
    - Um IL maior que 1 indica que o valor presente dos fluxos de caixa excede o investimento inicial, tornando o projeto atraente.

- Um IL menor que 1 sugere que o projeto não é viável, pois gera menos valor do que o custo do investimento.

- **Exemplo Prático:** Usando os mesmos dados do exemplo anterior, o IL seria:

$$IL = \frac{27.272,73 + 33.057,85 + 37.565,02}{100.000} = 0,97896$$

Um IL menor que 1 confirma que o projeto não é viável.

O Índice de Lucratividade é uma ferramenta útil para comparar a eficiência de diferentes projetos, especialmente quando os recursos são limitados e é necessário priorizar investimentos.

Comparação dos Métodos de Análise

Cada método de análise de investimentos oferece insights diferentes e pode ser mais adequado dependendo do contexto e dos objetivos do investidor. A seguir, uma comparação dos métodos discutidos:

Método	Vantagens	Desvantagens
VPL	Considera o valor do dinheiro no tempo e fornece uma medida absoluta do valor agregado.	Requer uma estimativa precisa da taxa de desconto.
TIR	Fácil de interpretar e comparar com o custo de capital.	Pode ser enganoso em projetos não convencionais com múltiplas TIRs.
Payback	Simples de calcular e entender.	Não considera o valor do dinheiro no tempo e ignora fluxos de caixa após o payback.
IL	Útil para comparar projetos de diferentes tamanhos.	Não fornece uma medida absoluta do valor agregado.

Aplicações na Perícia Financeira

Na prática pericial, a análise de investimentos é frequentemente utilizada para avaliar a viabilidade de projetos em disputas judiciais, determinar o valor de indenizações em casos de perdas financeiras e analisar a rentabilidade de ativos em processos de dissolução societária.

- **Avaliação de Projetos**: Peritos financeiros podem usar o VPL e a TIR para avaliar a viabilidade de projetos em litígios comerciais, ajudando a determinar se as decisões de investimento foram razoáveis.
- **Cálculo de Indenizações**: Em casos de perdas financeiras, como quebra de contrato ou danos comerciais, a análise de investimentos pode ser usada para calcular o valor das indenizações com base nos fluxos de caixa futuros esperados.
- **Análise de Ativos**: Em processos de dissolução societária, a análise de investimentos ajuda a determinar o valor justo de ativos e a garantir uma divisão equitativa entre as partes.

Desafios na Análise de Investimentos

A análise de investimentos não está isenta de desafios, especialmente em contextos judiciais onde a precisão e a imparcialidade são cruciais.

- **Estimativa de Fluxos de Caixa**: A precisão dos cálculos de VPL e TIR depende da estimativa precisa dos fluxos de caixa futuros, o que pode ser desafiador em ambientes econômicos voláteis.
- **Escolha da Taxa de Desconto**: Determinar a taxa de desconto apropriada é crítico e pode influenciar significativamente os resultados da análise. A taxa deve refletir o custo de capital e o risco associado ao projeto.
- **Interpretação de Resultados**: A interpretação dos resultados pode ser complexa, especialmente quando diferentes métodos oferecem conclusões conflitantes. Os peritos devem ser capazes de justificar suas escolhas metodológicas e explicar as implicações dos resultados.

Ferramentas e Recursos para Análise de Investimentos

Para lidar com os desafios da análise de investimentos, os peritos financeiros podem utilizar uma variedade de ferramentas e recursos:

- **Software de Modelagem Financeira**: Existem diversos softwares que automatizam o cálculo de VPL, TIR, Payback e IL, permitindo uma análise mais eficiente e precisa.
- **Planilhas Eletrônicas**: Ferramentas como o Microsoft Excel oferecem funções integradas para calcular métricas de análise de investimentos, facilitando a modelagem de cenários e a análise de sensibilidade.
- **Treinamento e Educação**: Participar de cursos e workshops em finanças corporativas e análise de investimentos pode ajudar os peritos a aprimorar suas habilidades e se manter atualizados sobre as melhores práticas.

Conclusão

A análise de investimentos é uma ferramenta poderosa na matemática financeira aplicada, oferecendo insights valiosos sobre a viabilidade e a rentabilidade de projetos e ativos. Ao dominar os métodos de VPL, TIR, Payback e IL, os peritos financeiros podem fornecer análises precisas e fundamentadas que são essenciais em contextos judiciais e extrajudiciais. Esses conhecimentos não apenas facilitam a tomada de decisões informadas, mas também contribuem para a justiça e a equidade nos processos financeiros e legais.

Capítulo 4: Metodologias e Técnicas de Perícia

Este subcapítulo fornece uma visão detalhada das metodologias MLP GAUSS e MAJS TPNP, destacando suas aplicações práticas e exemplos de uso em perícias financeiras.

4.1: MLP GAUSS e MAJS TPNP

A perícia financeira é uma disciplina que exige precisão, rigor técnico e a aplicação de metodologias robustas para garantir análises confiáveis e juridicamente válidas. Neste contexto, duas técnicas avançadas se destacam por sua eficácia em análises complexas: o Método de Mínimos Quadrados Ponderados com Ajuste Gaussiano (MLP GAUSS) e o Método de Ajuste Justo Simples com Taxa de Projeção Não Ponderada (MAJS TPNP). Este subcapítulo explora essas metodologias, suas aplicações práticas e exemplos que ilustram seu uso em perícias financeiras.

MLP GAUSS: Método de Mínimos Quadrados Ponderados com Ajuste Gaussiano

O MLP GAUSS é uma técnica estatística avançada utilizada para ajustar modelos matemáticos a um conjunto de dados observados, minimizando a soma dos quadrados das diferenças ponderadas entre os valores observados e os valores estimados pelo modelo. Esta metodologia é particularmente útil em contextos onde os dados apresentam variabilidade significativa ou quando diferentes observações possuem graus variados de confiabilidade.

Aplicações do MLP GAUSS

- **Análise de Séries Temporais**: O MLP GAUSS é amplamente utilizado na análise de séries temporais financeiras, onde os dados podem ser influenciados por flutuações econômicas, sazonalidade e eventos externos. A técnica permite ajustar modelos que capturam essas variabilidades, proporcionando previsões mais precisas.

- **Avaliação de Ativos**: Em avaliações de ativos, onde os preços podem ser influenciados por múltiplos fatores, o MLP GAUSS ajuda a isolar o efeito de cada variável, ajustando o modelo para refletir o valor justo do ativo.
- **Estudos de Viabilidade**: Ao conduzir estudos de viabilidade para novos projetos, o MLP GAUSS pode ser usado para ajustar modelos de fluxo de caixa que considerem diferentes cenários econômicos e operacionais, permitindo uma avaliação mais robusta dos riscos e retornos esperados.

Exemplo Prático do MLP GAUSS

Considere uma empresa que deseja prever suas vendas futuras com base em dados históricos de vendas e variáveis macroeconômicas, como taxa de câmbio e inflação. Usando o MLP GAUSS, o analista pode ajustar um modelo que pondera cada variável de acordo com sua relevância e confiabilidade, resultando em previsões mais precisas.

1. **Coleta de Dados**: Reúna dados históricos de vendas, taxa de câmbio e inflação para um período significativo.
2. **Ponderação de Variáveis**: Atribua pesos às variáveis com base em sua confiabilidade e impacto nas vendas. Por exemplo, a taxa de câmbio pode ter um peso maior se a empresa exporta uma parte significativa de seus produtos.
3. **Ajuste do Modelo**: Utilize o MLP GAUSS para ajustar um modelo de regressão que minimize a soma dos quadrados das diferenças ponderadas entre os valores observados e estimados.
4. **Análise de Resultados**: Analise o modelo ajustado para entender o impacto de cada variável nas vendas futuras e faça ajustes conforme necessário.

MAJS TPNP: Método de Ajuste Justo Simples com Taxa de Projeção Não Ponderada

O MAJS TPNP é uma técnica de ajuste utilizada para simplificar a análise de dados financeiros, especialmente em contextos onde a simplicidade e a transparência são essenciais. Este método assume uma abordagem não ponderada, o que significa que todas as observações são tratadas com igual importância, facilitando a interpretação dos resultados.

Aplicações do MAJS TPNP

- **Revisão de Contratos Bancários**: O MAJS TPNP pode ser usado para revisar contratos bancários, simplificando a análise de taxas de juros e condições contratuais. A técnica ajuda a identificar discrepâncias e irregularidades de forma clara e objetiva.
- **Cálculo de Juros**: Em cálculos de juros, onde a simplicidade é desejada, o MAJS TPNP permite calcular taxas de forma direta, sem a necessidade de ponderação complexa, tornando o processo mais acessível para todas as partes envolvidas.
- **Análise de Custos**: Ao analisar custos em projetos ou operações, o MAJS TPNP pode ser utilizado para ajustar modelos de custo que sejam fáceis de entender e comunicar, facilitando a tomada de decisões.

Exemplo Prático do MAJS TPNP

Imagine um analista financeiro encarregado de revisar um contrato de financiamento para identificar possíveis cobranças excessivas de juros. O MAJS TPNP pode ser aplicado da seguinte forma:

1. **Revisão do Contrato**: Examine o contrato de financiamento para identificar as taxas de juros aplicadas e as condições de pagamento.
2. **Coleta de Dados**: Reúna dados sobre os pagamentos realizados, incluindo valores principais e juros pagos.
3. **Aplicação do MAJS TPNP**: Utilize o método para calcular a taxa de juros efetiva, tratando todas as observações de forma igual. Isso ajuda a identificar se as taxas cobradas estão de acordo com as condições contratuais.
4. **Comunicação dos Resultados**: Apresente os resultados de forma clara e objetiva, destacando quaisquer discrepâncias ou irregularidades encontradas.

Comparação entre MLP GAUSS e MAJS TPNP

Embora ambos os métodos sejam utilizados em perícias financeiras, eles servem a propósitos diferentes e são adequados para diferentes tipos de análise.

Característica	MLP GAUSS	MAJS TPNP
Complexidade	Alta, devido à ponderação e ajuste de variáveis	Baixa, devido à simplicidade e abordagem direta
Aplicações	Séries temporais, avaliação de ativos, viabilidade	Revisão de contratos, cálculo de juros, análise de custos
Vantagens	Precisão em contextos complexos	Facilidade de uso e interpretação
Desvantagens	Requer mais dados e análise detalhada	Pode não capturar nuances em dados complexos

Considerações Finais

A escolha entre MLP GAUSS e MAJS TPNP depende do contexto da análise e dos objetivos específicos do perito. O MLP GAUSS é mais adequado para situações onde a precisão e o ajuste fino são críticos, enquanto o MAJS TPNP é ideal para análises que requerem simplicidade e clareza.

Para garantir que essas metodologias sejam aplicadas de forma eficaz, os peritos devem possuir um sólido entendimento das técnicas estatísticas e financeiras, além de estarem atualizados sobre as melhores práticas do setor. Ferramentas de software avançadas e treinamentos contínuos podem auxiliar os peritos a aprimorar suas habilidades e a aplicar essas metodologias com confiança.

Conclusão

O MLP GAUSS e o MAJS TPNP são metodologias valiosas na caixa de ferramentas de um perito financeiro, cada uma oferecendo abordagens distintas para a análise de dados complexos. Ao entender as aplicações e limitações de cada método, os peritos podem escolher a abordagem mais apropriada para suas análises, garantindo laudos periciais precisos e confiáveis. A educação contínua e a prática são essenciais para dominar essas técnicas e aplicá-las de forma eficaz em contextos reais.

Capítulo 4: Metodologias e Técnicas de Perícia

Este subcapítulo fornece uma visão abrangente das metodologias e técnicas utilizadas na revisão de contratos bancários, destacando a importância da análise de taxas de juros, capitalização e tarifas, bem como o papel das ferramentas online na melhoria da precisão e eficiência dos processos periciais.

4.2: Revisão de Contratos Bancários

A revisão de contratos bancários é uma atividade crucial na perícia financeira, especialmente em um ambiente econômico onde as relações entre instituições financeiras e clientes são regidas por contratos complexos. Este subcapítulo aborda as metodologias utilizadas na análise de contratos bancários, com foco na avaliação de taxas de juros, capitalização e tarifas, além de explorar as ferramentas e recursos online que podem auxiliar nesse processo.

Importância da Revisão de Contratos Bancários

Os contratos bancários são documentos legais que estabelecem os termos e condições de empréstimos, financiamentos e outros serviços financeiros. A revisão desses contratos é essencial para garantir que as condições acordadas sejam justas e estejam em conformidade com a legislação vigente. Além disso, a revisão de contratos pode identificar práticas abusivas, como a cobrança de juros excessivos ou tarifas não autorizadas, protegendo assim os direitos dos consumidores.

Análise de Taxas de Juros

A análise de taxas de juros é um dos componentes mais críticos na revisão de contratos bancários. As taxas de juros determinam o custo do crédito e têm um impacto significativo nos pagamentos totais de um empréstimo ou financiamento.

Tipos de Taxas de Juros

- **Taxa Nominal**: É a taxa de juros declarada no contrato, geralmente expressa em termos anuais. A taxa nominal não considera a capitalização de juros ao longo do tempo.
- **Taxa Efetiva**: Esta taxa considera a capitalização dos juros, refletindo o custo real do empréstimo. A taxa efetiva é geralmente maior que a taxa nominal quando os juros são capitalizados em períodos menores que um ano.
- **Taxa de Juros Real**: Calculada subtraindo a taxa de inflação da taxa de juros nominal, a taxa de juros real reflete o poder de compra efetivo dos juros pagos.

Métodos de Análise

- **Comparação com Taxas de Mercado**: Uma das primeiras etapas na análise de taxas de juros é compará-las com as taxas de mercado vigentes. Isso ajuda a determinar se as taxas cobradas são competitivas e justas.
- **Cálculo da Taxa Efetiva Anual (TEA)**: O cálculo da TEA é essencial para entender o custo real do empréstimo. A TEA considera a frequência de capitalização dos juros e fornece uma visão mais precisa do impacto financeiro do contrato.
- **Avaliação de Cláusulas de Ajuste**: Contratos bancários podem incluir cláusulas que permitem o ajuste das taxas de juros com base em determinados índices ou eventos. A revisão dessas cláusulas é crucial para avaliar a transparência e a previsibilidade dos custos.

Capitalização de Juros

A capitalização de juros refere-se ao processo de calcular juros sobre juros acumulados, além do principal. Este é um aspecto que pode aumentar significativamente o custo de um empréstimo se não for claramente compreendido e gerenciado.

Tipos de Capitalização

- **Capitalização Simples**: Os juros são calculados apenas sobre o principal original, sem considerar os juros acumulados.
- **Capitalização Composta**: Os juros são calculados sobre o principal e os juros acumulados de períodos anteriores. Este é o método mais comum em contratos bancários.

Análise de Capitalização

- **Verificação de Cláusulas Contratuais**: A revisão das cláusulas contratuais que descrevem a capitalização de juros é essencial para garantir que o método aplicado esteja claramente definido e seja legalmente permitido.
- **Cálculo de Impacto Financeiro**: Os peritos devem calcular o impacto financeiro da capitalização composta em comparação com a capitalização simples, destacando o efeito nos pagamentos totais ao longo do tempo.
- **Identificação de Anatocismo**: Em alguns casos, a capitalização de juros pode resultar em anatocismo, que é a cobrança de juros sobre juros de forma abusiva. A identificação de tais práticas é um objetivo crucial na revisão de contratos.

Análise de Tarifas

Tarifas bancárias podem representar uma parte significativa do custo total de um contrato bancário. A revisão dessas tarifas é essencial para garantir que elas sejam justificadas e estejam claramente descritas no contrato.

Tipos de Tarifas

- **Tarifas de Abertura de Crédito**: Cobranças associadas ao processamento inicial de um empréstimo ou linha de crédito.
- **Tarifas de Manutenção**: Custos recorrentes associados à manutenção de uma conta ou serviço financeiro.
- **Tarifas de Liquidação Antecipada**: Cobranças aplicadas quando o tomador decide quitar o empréstimo antes do prazo previsto.

Métodos de Análise

- **Comparação com Normas Regulatórias**: As tarifas devem ser comparadas com as normas regulatórias para garantir que não sejam excessivas ou não autorizadas.
- **Avaliação de Transparência**: Os contratos devem descrever claramente todas as tarifas aplicáveis, incluindo o valor, a frequência e as condições sob as quais são cobradas.
- **Cálculo de Impacto Total**: Os peritos devem calcular o impacto financeiro total das tarifas ao longo da vida do contrato, destacando qualquer aumento significativo nos custos.

Ferramentas e Recursos Online

A tecnologia desempenha um papel crescente na revisão de contratos bancários, oferecendo ferramentas e recursos que podem facilitar a análise e melhorar a precisão dos resultados.

Software de Análise Contratual

Existem softwares especializados que automatizam a análise de contratos, identificando cláusulas críticas, calculando taxas de juros efetivas e destacando discrepâncias. Esses programas podem economizar tempo e reduzir erros humanos na revisão de documentos complexos.

Bases de Dados Financeiras

Acesso a bases de dados financeiras confiáveis permite que os peritos comparem taxas de juros e tarifas com padrões de mercado, garantindo que suas análises sejam baseadas em dados atualizados e precisos.

Ferramentas de Cálculo Online

Ferramentas online, como calculadoras de juros compostos e simuladores de crédito, podem ajudar os peritos a realizar cálculos complexos de forma rápida e eficiente, permitindo uma análise mais detalhada dos contratos.

Estudos de Caso: Revisão de Contratos Bancários

Para ilustrar a aplicação prática das metodologias discutidas, consideramos dois estudos de caso que destacam a importância da revisão de contratos bancários.

Estudo de Caso 1: Empréstimo Pessoal com Juros Abusivos

Um cliente contratou um empréstimo pessoal com uma instituição financeira, mas suspeitava que as taxas de juros cobradas eram abusivas. A revisão do contrato revelou que a taxa nominal era significativamente inferior à taxa efetiva, devido à capitalização mensal dos juros. O perito também identificou tarifas não autorizadas que aumentaram o custo total do empréstimo. Com base na análise, o cliente conseguiu negociar termos mais favoráveis e obter um reembolso das tarifas excessivas.

Estudo de Caso 2: Financiamento Imobiliário com Cláusulas Onerosas

Em um caso de financiamento imobiliário, o tomador do empréstimo descobriu que as cláusulas de ajuste de juros permitiam aumentos significativos nas taxas com base em índices de mercado voláteis. A revisão contratual destacou a falta de transparência nessas cláusulas e o impacto potencial nos pagamentos mensais. O perito recomendou a renegociação do contrato para incluir limites nos ajustes de juros, proporcionando maior previsibilidade e segurança financeira para o tomador.

Conclusão

A revisão de contratos bancários é uma prática essencial na perícia financeira, garantindo que os termos e condições sejam justos, transparentes e em conformidade com a legislação vigente. Ao aplicar metodologias rigorosas e utilizar ferramentas tecnológicas avançadas, os peritos podem identificar práticas abusivas, proteger os direitos dos consumidores e promover a justiça no setor financeiro. A educação contínua e a familiaridade com as normas regulatórias são fundamentais para o sucesso na revisão de contratos bancários, capacitando os peritos a oferecer análises precisas e insights valiosos em processos judiciais e extrajudiciais.

Capítulo 4: Metodologias e Técnicas de Perícia

Este subcapítulo fornece uma visão abrangente das metodologias e técnicas utilizadas no cálculo de juros abusivos, destacando a importância da identificação e recalculo de práticas abusivas, bem como o papel da jurisprudência na orientação dessa prática.

4.3: Cálculo de Juros Abusivos

O cálculo de juros abusivos é uma área crítica na perícia financeira, especialmente em um cenário onde as práticas de empréstimo e financiamento podem, por vezes, ultrapassar os limites do que é legalmente e eticamente aceitável. Este subcapítulo explora as metodologias para identificar e recalcular juros abusivos, fornece exemplos práticos e discute a jurisprudência relevante que orienta essa prática.

Compreendendo Juros Abusivos

Juros abusivos ocorrem quando as taxas cobradas por instituições financeiras excedem o que é considerado razoável ou legalmente permitido. Isso pode ocorrer em diversos tipos de contratos, incluindo empréstimos pessoais, financiamentos de veículos, hipotecas e cartões de crédito. A identificação de juros abusivos é essencial para proteger os direitos dos consumidores e garantir a justiça nas transações financeiras.

Elementos de Juros Abusivos

- **Taxas de Juros Excessivas**: Quando as taxas de juros cobradas são significativamente mais altas do que as taxas de mercado ou do que o permitido pela legislação.
- **Capitalização Indevida**: A prática de capitalizar juros de forma não autorizada ou em uma frequência maior do que a permitida, resultando em juros sobre juros (anatocismo).

- **Falta de Transparência**: Quando os termos do contrato não são claros ou não divulgam adequadamente as taxas de juros e as condições de capitalização.

Identificação de Juros Abusivos

A identificação de juros abusivos requer uma análise detalhada dos contratos financeiros e uma compreensão das normas legais aplicáveis. Os peritos financeiros desempenham um papel crucial nesse processo, utilizando metodologias específicas para detectar práticas abusivas.

Passos para Identificação

1. **Revisão do Contrato**: Examinar o contrato financeiro para entender as taxas de juros acordadas, as condições de capitalização e quaisquer cláusulas que possam permitir ajustes nas taxas.
2. **Comparação com Taxas de Mercado**: Comparar as taxas de juros cobradas com as taxas de mercado vigentes para determinar se há discrepâncias significativas.
3. **Verificação de Capitalização**: Analisar a frequência de capitalização dos juros para garantir que esteja em conformidade com as normas legais e contratuais.
4. **Avaliação de Transparência**: Avaliar se o contrato fornece informações claras e completas sobre as taxas de juros e as condições de pagamento.

Ferramentas e Técnicas

- **Software de Análise Financeira**: Utilizar software especializado que pode automatizar cálculos complexos e ajudar a identificar discrepâncias nas taxas de juros.
- **Modelos de Simulação**: Criar modelos de simulação para prever o impacto de diferentes taxas de juros e condições de capitalização ao longo do tempo.

- **Consultoria Jurídica**: Trabalhar em colaboração com advogados para interpretar cláusulas contratuais e garantir a conformidade com as normas legais.

Recálculo de Juros Abusivos

Após a identificação de juros abusivos, o próximo passo é recalcular os juros de forma justa e legalmente correta. Isso envolve ajustar as taxas de juros e as condições de capitalização para refletir práticas aceitáveis.

Metodologia de Recálculo

1. **Determinação da Taxa de Juros Correta**: Estabelecer uma taxa de juros justa com base em taxas de mercado, regulamentos legais e práticas comuns no setor.
2. **Ajuste das Condições de Capitalização**: Modificar as condições de capitalização para garantir que os juros não sejam capitalizados de forma abusiva.
3. **Cálculo do Valor Devido**: Recalcular o valor total devido com base nas novas taxas de juros e condições de capitalização, considerando todos os pagamentos já realizados.
4. **Compensação e Restituição**: Determinar o valor que deve ser compensado ou restituído ao consumidor, caso os juros pagos anteriormente tenham sido excessivos.

Ferramentas de Recálculo

- **Planilhas Eletrônicas**: Utilizar planilhas para realizar cálculos detalhados e documentar cada etapa do processo de recalculo.
- **Calculadoras de Juros**: Ferramentas online que podem ajudar a calcular juros compostos e simples, facilitando o ajuste das condições de pagamento.

Casos Práticos e Jurisprudência

A aplicação prática das metodologias de cálculo de juros abusivos pode ser ilustrada através de estudos de caso e análise de jurisprudência relevante.

Estudo de Caso 1: Empréstimo Pessoal com Juros Abusivos

Um consumidor contraiu um empréstimo pessoal com uma taxa de juros nominal de 15% ao ano. No entanto, após uma análise detalhada, descobriu-se que a taxa efetiva, devido à capitalização mensal, era de 19% ao ano. Além disso, o contrato não divulgava claramente as condições de capitalização. O perito recalculou os juros com base em uma taxa de mercado de 12% ao ano, resultando em um valor significativamente menor devido pelo consumidor.

Estudo de Caso 2: Financiamento de Veículo com Anatocismo

Em um caso de financiamento de veículo, o contrato permitia a capitalização trimestral dos juros, resultando em anatocismo não autorizado. A revisão contratual e o recalculo dos juros com capitalização anual, conforme permitido pela legislação, reduziram o valor total do financiamento em 10%. O consumidor foi reembolsado pela diferença paga a maior.

Jurisprudência Relevante

A jurisprudência desempenha um papel crucial na definição dos limites para taxas de juros e práticas de capitalização. Decisões judiciais anteriores podem fornecer precedentes importantes para a análise de casos de juros abusivos.

- **Decisões do STJ**: O Superior Tribunal de Justiça (STJ) tem decidido consistentemente contra práticas de anatocismo não autorizadas, reforçando a necessidade de transparência e conformidade com as normas legais.
- **Interpretação do CDC**: O Código de Defesa do Consumidor (CDC) é frequentemente citado em casos de juros abusivos, enfatizando a proteção dos direitos dos consumidores e a necessidade de clareza nos contratos financeiros.

Desafios na Análise de Juros Abusivos

A análise e o recalculo de juros abusivos apresentam uma série de desafios que os peritos devem estar preparados para enfrentar.

- **Complexidade Contratual**: Contratos financeiros podem ser complexos e incluir cláusulas que dificultam a identificação de práticas abusivas. Os peritos devem ser capazes de interpretar essas cláusulas e aplicar seu julgamento profissional para identificar irregularidades.
- **Mudanças Regulatórias**: As normas legais e regulatórias estão em constante evolução, exigindo que os peritos se mantenham atualizados sobre as mudanças que possam impactar sua análise.
- **Pressões Externas**: Em alguns casos, os peritos podem enfrentar pressões externas das partes envolvidas no processo, que podem tentar influenciar suas conclusões. Manter a imparcialidade e a integridade é crucial para a credibilidade da análise.

Soluções para Desafios

Para superar os desafios associados à análise de juros abusivos, os peritos podem adotar várias estratégias eficazes:

- **Educação Contínua**: Participar de cursos e workshops sobre legislação financeira e práticas de mercado pode ajudar os peritos a se manterem atualizados sobre as melhores práticas e tendências do setor.
- **Colaboração Multidisciplinar**: Trabalhar em equipe com advogados, economistas e outros especialistas pode enriquecer a análise e proporcionar uma visão mais abrangente do caso.
- **Uso de Tecnologia**: Adotar tecnologias avançadas, como software de análise financeira e ferramentas de visualização de dados, pode ajudar a gerenciar grandes volumes de dados e realizar análises complexas de forma mais eficiente.

Conclusão

O cálculo de juros abusivos é uma prática essencial na perícia financeira, garantindo que os direitos dos consumidores sejam protegidos e que as transações financeiras sejam conduzidas de forma justa e transparente. Ao aplicar metodologias rigorosas e utilizar ferramentas tecnológicas avançadas, os peritos podem identificar práticas abusivas, recalcular juros de forma justa e fornecer insights valiosos em processos judiciais e extrajudiciais. A educação contínua e a colaboração com especialistas jurídicos são fundamentais para o sucesso na análise de juros abusivos, capacitando os peritos a oferecer análises precisas e juridicamente válidas.

Capítulo 5: Perícias Específicas

Este subcapítulo fornece uma visão abrangente das metodologias e técnicas utilizadas na perícia em conta corrente e cheque especial, destacando a importância da análise de movimentações financeiras, cálculo de juros e tarifas, e revisão de condições contratuais.

5.1: Perícia em Conta Corrente e Cheque Especial

A perícia em conta corrente e cheque especial é uma área especializada da perícia financeira, que se concentra na análise detalhada das movimentações e condições contratuais associadas a essas modalidades de crédito. Este subcapítulo explora os métodos de análise e cálculo específicos para contas correntes e cheque especial, apresentando exemplos práticos que ilustram a aplicação dessas técnicas.

Importância da Perícia em Conta Corrente e Cheque Especial

Contas correntes e cheques especiais são componentes fundamentais dos serviços bancários, oferecendo aos clientes flexibilidade e acesso a crédito rotativo. No entanto, as condições associadas a esses serviços podem ser complexas e, por vezes, levar a práticas abusivas, como cobrança excessiva de juros e tarifas. A perícia em conta corrente e cheque especial é essencial para garantir a transparência e a conformidade com as normas legais, protegendo os direitos dos consumidores.

Métodos de Análise e Cálculo

A análise de contas correntes e cheque especial envolve uma revisão detalhada das movimentações financeiras, taxas de juros, tarifas e condições contratuais. Os métodos de análise e cálculo utilizados pelos peritos financeiros são projetados para identificar práticas abusivas e garantir que as cobranças estejam em conformidade com as normas legais.

1. Análise de Movimentações Financeiras

A análise das movimentações financeiras é o ponto de partida para a perícia em conta corrente e cheque especial. Essa análise envolve a revisão de extratos bancários para identificar padrões de débito e crédito, bem como quaisquer cobranças não autorizadas.

- **Revisão de Extratos Bancários**: Os peritos devem revisar extratos bancários detalhados para identificar todas as transações, incluindo depósitos, saques, transferências e pagamentos automáticos. Essa revisão ajuda a identificar quaisquer discrepâncias ou transações não autorizadas.
- **Identificação de Padrões de Uso**: Analisar os padrões de uso da conta corrente e do cheque especial pode revelar comportamentos financeiros que podem influenciar a análise, como o uso frequente do cheque especial ou a manutenção de saldos negativos.
- **Detecção de Anomalias**: A revisão dos extratos deve incluir a detecção de anomalias, como cobranças duplicadas, tarifas inesperadas ou transações suspeitas que possam indicar fraude ou erro.

2. Cálculo de Juros e Tarifas

O cálculo preciso de juros e tarifas é essencial para a perícia em conta corrente e cheque especial. Isso envolve a verificação das taxas aplicadas e a comparação com as condições contratuais e regulatórias.

- **Cálculo de Juros do Cheque Especial**: O cheque especial é uma linha de crédito rotativo, e os juros são geralmente cobrados diariamente sobre o saldo devedor. Os peritos devem calcular os juros acumulados com base nas taxas diárias e verificar se estão de acordo com as taxas contratadas.
- **Verificação de Tarifas Bancárias**: As contas correntes podem estar sujeitas a várias tarifas, como tarifas de manutenção, tarifas por saques em caixas eletrônicos e tarifas por transferências. Os peritos devem verificar se essas tarifas estão claramente descritas no contrato e se foram aplicadas corretamente.

- **Comparação com Normas Regulatórias**: As taxas de juros e tarifas cobradas devem ser comparadas com as normas regulatórias vigentes para garantir que não sejam excessivas ou abusivas.

3. Análise de Condições Contratuais

A análise das condições contratuais é crucial para entender os direitos e obrigações tanto do cliente quanto da instituição financeira. Isso inclui a revisão das cláusulas contratuais e a avaliação de sua conformidade com as leis aplicáveis.

- **Revisão de Cláusulas Contratuais**: Os peritos devem revisar o contrato da conta corrente e do cheque especial para entender as condições acordadas, incluindo taxas de juros, condições de capitalização e quaisquer cláusulas de ajuste.
- **Avaliação de Transparência**: A transparência das condições contratuais é essencial para garantir que os clientes estejam cientes de todas as taxas e condições. Os peritos devem avaliar se o contrato fornece informações claras e compreensíveis.
- **Conformidade Legal**: As condições contratuais devem estar em conformidade com as leis e regulamentos aplicáveis, como o Código de Defesa do Consumidor. Os peritos devem identificar qualquer cláusula que possa ser considerada abusiva ou ilegal.

Exemplos de Prática

Para ilustrar a aplicação prática das metodologias de perícia em conta corrente e cheque especial, consideramos dois estudos de caso que destacam a importância dessa análise.

Estudo de Caso 1: Cobrança Excessiva de Juros no Cheque Especial

Um cliente bancário percebeu que os juros cobrados em seu cheque especial eram significativamente mais altos do que o esperado. A perícia revelou que a instituição financeira estava aplicando uma taxa de juros diária que excedia a taxa contratada. Além disso, a capitalização dos juros estava ocorrendo de forma mais frequente do que o permitido. Com base na análise, o cliente conseguiu negociar uma redução nas taxas de juros e obter um reembolso das cobranças excessivas.

Estudo de Caso 2: Tarifas Bancárias Não Autorizadas

Em outro caso, um cliente descobriu que sua conta corrente estava sendo cobrada por várias tarifas não autorizadas, incluindo tarifas de manutenção e tarifas por transferências que não estavam claramente descritas no contrato. A perícia identificou que essas tarifas eram inconsistentes com as condições contratuais e as normas regulatórias. Como resultado, o cliente foi reembolsado pelas tarifas cobradas indevidamente e o banco foi obrigado a revisar suas práticas tarifárias.

Desafios na Perícia em Conta Corrente e Cheque Especial

A perícia em conta corrente e cheque especial apresenta uma série de desafios que os peritos devem estar preparados para enfrentar.

- **Complexidade dos Dados**: As contas correntes e os cheques especiais podem envolver um grande volume de transações, tornando a análise complexa e demorada. Os peritos devem ser capazes de gerenciar essa complexidade e identificar transações relevantes.
- **Interpretação Contratual**: A interpretação das condições contratuais pode ser desafiadora, especialmente quando os contratos são ambíguos ou contraditórios. Os peritos devem aplicar seu julgamento profissional para interpretar essas condições de forma precisa.
- **Conformidade Regulatória**: As normas regulatórias estão em constante evolução, exigindo que os peritos se mantenham atualizados sobre as mudanças que possam impactar sua análise.

Soluções para Desafios

Para superar os desafios associados à perícia em conta corrente e cheque especial, os peritos podem adotar várias estratégias eficazes:

- **Educação Contínua**: Participar de cursos e workshops sobre práticas bancárias e regulatórias pode ajudar os peritos a se manterem atualizados sobre as melhores práticas e tendências do setor.
- **Uso de Tecnologia**: Adotar tecnologias avançadas, como software de análise financeira e ferramentas de visualização de dados, pode ajudar a gerenciar grandes volumes de dados e realizar análises complexas de forma mais eficiente.
- **Colaboração Multidisciplinar**: Trabalhar em equipe com advogados, economistas e outros especialistas pode enriquecer a análise e proporcionar uma visão mais abrangente do caso.

Conclusão

A perícia em conta corrente e cheque especial é uma prática essencial na perícia financeira, garantindo que as transações financeiras sejam conduzidas de forma justa e transparente. Ao aplicar metodologias rigorosas e utilizar ferramentas tecnológicas avançadas, os peritos podem identificar práticas abusivas, proteger os direitos dos consumidores e promover a justiça no setor financeiro. A educação contínua e a colaboração com especialistas jurídicos são fundamentais para o sucesso na análise de contas correntes e cheque especial, capacitando os peritos a oferecer análises precisas e juridicamente válidas.

Capítulo 5: Perícias Específicas

Este subcapítulo fornece uma visão abrangente das metodologias e técnicas utilizadas na perícia em cartão de crédito, destacando a importância da identificação de abusos e irregularidades, bem como a proteção dos direitos dos consumidores.

5.2: Perícia em Cartão de Crédito

A perícia em cartão de crédito é uma área crítica da perícia financeira, focada na análise detalhada das condições contratuais, práticas de cobrança e possíveis abusos associados ao uso de cartões de crédito. Este subcapítulo explora as metodologias para identificar abusos e irregularidades, fornece estudos de caso que ilustram a aplicação dessas técnicas e discute a importância de proteger os direitos dos consumidores em um ambiente financeiro cada vez mais complexo.

Importância da Perícia em Cartão de Crédito

Os cartões de crédito são amplamente utilizados como uma forma conveniente de pagamento e acesso ao crédito. No entanto, as condições associadas a esses produtos financeiros podem ser complexas, e práticas abusivas, como a cobrança excessiva de juros e tarifas, podem ocorrer. A perícia em cartão de crédito é essencial para garantir que as condições sejam justas e transparentes, protegendo os consumidores de práticas enganosas ou abusivas.

Identificação de Abusos e Irregularidades

A identificação de abusos e irregularidades em cartões de crédito requer uma análise cuidadosa dos contratos e das práticas de cobrança. Os peritos financeiros desempenham um papel crucial nesse processo, utilizando metodologias específicas para detectar práticas irregulares.

Elementos Comuns de Abusos em Cartões de Crédito

- **Cobrança Excessiva de Juros**: As taxas de juros em cartões de crédito podem ser significativamente mais altas do que em outras formas de crédito. A cobrança de juros acima do permitido ou não claramente divulgada no contrato constitui um abuso.
- **Tarifas Não Autorizadas**: Cobranças de tarifas que não foram claramente acordadas ou divulgadas, como tarifas de manutenção, tarifas por atraso ou tarifas por saque em dinheiro.
- **Práticas de Capitalização Indevida**: A capitalização de juros de forma não autorizada ou em uma frequência maior do que a permitida pode resultar em anatocismo, onde juros são cobrados sobre juros.

Metodologias de Identificação

1. **Revisão do Contrato de Cartão de Crédito**: Examinar o contrato para entender as taxas de juros, tarifas e condições de pagamento acordadas. Os peritos devem prestar atenção especial às cláusulas que permitem ajustes nas taxas de juros ou a aplicação de tarifas adicionais.
2. **Análise de Extratos de Cartão de Crédito**: Revisar extratos detalhados para identificar todas as transações, incluindo compras, saques, pagamentos e cobranças de juros e tarifas. Essa análise ajuda a identificar discrepâncias ou cobranças não autorizadas.
3. **Comparação com Normas Regulatórias**: Comparar as taxas de juros e tarifas cobradas com as normas regulatórias vigentes para garantir que não sejam excessivas ou abusivas. Isso inclui verificar se as práticas de cobrança estão em conformidade com o Código de Defesa do Consumidor.
4. **Verificação de Transparência**: Avaliar se o contrato e os extratos fornecem informações claras e compreensíveis sobre as taxas de juros, tarifas e condições de pagamento.

Ferramentas e Técnicas

- **Software de Análise Financeira**: Utilizar software especializado que pode automatizar cálculos complexos e ajudar a identificar discrepâncias nas taxas de juros e tarifas.
- **Consultoria Jurídica**: Trabalhar em colaboração com advogados para interpretar cláusulas contratuais e garantir a conformidade com as normas legais.
- **Modelos de Simulação**: Criar modelos de simulação para prever o impacto de diferentes taxas de juros e condições de capitalização ao longo do tempo.

Estudos de Caso: Perícia em Cartão de Crédito

Para ilustrar a aplicação prática das metodologias de perícia em cartão de crédito, consideramos dois estudos de caso que destacam a importância dessa análise.

Estudo de Caso 1: Cobrança Indevida de Juros

Um consumidor percebeu que os juros cobrados em seu cartão de crédito eram significativamente mais altos do que o esperado. A perícia revelou que a instituição financeira estava aplicando uma taxa de juros efetiva que excedia a taxa contratada, devido à capitalização mensal não autorizada dos juros. Além disso, o contrato não divulgava claramente as condições de capitalização. Com base na análise, o consumidor conseguiu negociar uma redução nas taxas de juros e obter um reembolso das cobranças excessivas.

Estudo de Caso 2: Tarifas Não Autorizadas

Em outro caso, um cliente descobriu que seu cartão de crédito estava sendo cobrado por várias tarifas não autorizadas, incluindo tarifas de manutenção e tarifas por atraso que não estavam claramente descritas no contrato. A perícia identificou que essas tarifas eram inconsistentes com as condições contratuais e as normas regulatórias. Como resultado, o cliente foi reembolsado pelas tarifas cobradas indevidamente e a instituição financeira foi obrigada a revisar suas práticas tarifárias.

Desafios na Perícia em Cartão de Crédito

A perícia em cartão de crédito apresenta uma série de desafios que os peritos devem estar preparados para enfrentar.

- **Complexidade dos Dados**: Os cartões de crédito podem envolver um grande volume de transações, tornando a análise complexa e demorada. Os peritos devem ser capazes de gerenciar essa complexidade e identificar transações relevantes.
- **Interpretação Contratual**: A interpretação das condições contratuais pode ser desafiadora, especialmente quando os contratos são ambíguos ou contraditórios. Os peritos devem aplicar seu julgamento profissional para interpretar essas condições de forma precisa.
- **Conformidade Regulatória**: As normas regulatórias estão em constante evolução, exigindo que os peritos se mantenham atualizados sobre as mudanças que possam impactar sua análise.

Soluções para Desafios

Para superar os desafios associados à perícia em cartão de crédito, os peritos podem adotar várias estratégias eficazes:

- **Educação Contínua**: Participar de cursos e workshops sobre práticas bancárias e regulatórias pode ajudar os peritos a se manterem atualizados sobre as melhores práticas e tendências do setor.
- **Uso de Tecnologia**: Adotar tecnologias avançadas, como software de análise financeira e ferramentas de visualização de dados, pode ajudar a gerenciar grandes volumes de dados e realizar análises complexas de forma mais eficiente.
- **Colaboração Multidisciplinar**: Trabalhar em equipe com advogados, economistas e outros especialistas pode enriquecer a análise e proporcionar uma visão mais abrangente do caso.

Importância da Proteção ao Consumidor

A proteção dos direitos dos consumidores é um aspecto central da perícia em cartão de crédito. Os consumidores devem ser informados sobre as condições de seus contratos de cartão de crédito e ter acesso a informações claras e precisas sobre taxas de juros e tarifas.

- **Transparência**: As instituições financeiras devem garantir que todas as taxas de juros e tarifas sejam claramente divulgadas e compreensíveis para os consumidores. Isso inclui fornecer informações detalhadas nos contratos e extratos.
- **Conformidade com o CDC**: O Código de Defesa do Consumidor (CDC) estabelece diretrizes para proteger os consumidores de práticas abusivas e garantir a transparência nas transações financeiras. Os peritos devem garantir que suas análises estejam em conformidade com essas diretrizes.
- **Educação Financeira**: Promover a educação financeira entre os consumidores pode ajudá-los a entender melhor os termos e condições de seus contratos de cartão de crédito, capacitando-os a tomar decisões informadas e a evitar práticas abusivas.

Conclusão

A perícia em cartão de crédito é uma prática essencial na perícia financeira, garantindo que as transações financeiras sejam conduzidas de forma justa e transparente. Ao aplicar metodologias rigorosas e utilizar ferramentas tecnológicas avançadas, os peritos podem identificar práticas abusivas, proteger os direitos dos consumidores e promover a justiça no setor financeiro. A educação contínua e a colaboração com especialistas jurídicos são fundamentais para o sucesso na análise de cartões de crédito, capacitando os peritos a oferecer análises precisas e juridicamente válidas.

Capítulo 5: Perícias Específicas

Este subcapítulo fornece uma visão abrangente das metodologias e técnicas utilizadas na perícia em leasing, destacando a importância da análise de cláusulas contratuais, cálculo do VRG e taxas de leasing, bem como a proteção dos direitos dos consumidores.

5.3: Perícia em Leasing

A perícia em contratos de leasing, ou arrendamento mercantil, é uma área especializada da perícia financeira que requer uma análise detalhada dos termos contratuais, práticas de cálculo e possíveis abusos associados a essa modalidade de financiamento. Este subcapítulo explora as metodologias para analisar contratos de leasing, com foco em aspectos como Valor Residual Garantido (VRG) e taxas aplicadas, além de fornecer exemplos práticos para ilustrar a aplicação dessas técnicas.

Importância da Perícia em Leasing

O leasing é uma forma popular de financiamento que permite aos clientes utilizar um ativo, como um veículo ou equipamento, por um período determinado, pagando parcelas mensais. No final do contrato, o cliente geralmente tem a opção de adquirir o ativo por um valor previamente acordado, conhecido como Valor Residual Garantido (VRG). A perícia em leasing é essencial para garantir que os termos do contrato sejam justos e transparentes, protegendo os direitos dos clientes e evitando práticas abusivas.

Análise de Contratos de Leasing

A análise de contratos de leasing envolve uma revisão detalhada das condições contratuais, cálculos financeiros e práticas de cobrança. Os peritos financeiros utilizam metodologias específicas para identificar irregularidades e garantir a conformidade com as normas legais.

1. Revisão de Cláusulas Contratuais

A revisão das cláusulas contratuais é o ponto de partida para a perícia em leasing. Essa análise ajuda a entender os direitos e obrigações de ambas as partes e a identificar quaisquer cláusulas potencialmente abusivas.

- **Termos do Contrato**: Os peritos devem revisar os termos do contrato de leasing para entender as condições acordadas, incluindo o prazo do arrendamento, as parcelas mensais e o VRG. É importante garantir que todas as condições estejam claramente descritas e sejam compreensíveis para o cliente.
- **Cláusulas de Ajuste**: Contratos de leasing podem incluir cláusulas que permitem ajustes nas taxas de leasing com base em determinados índices ou eventos. A revisão dessas cláusulas é crucial para avaliar a transparência e a previsibilidade dos custos.
- **Conformidade Legal**: As cláusulas contratuais devem estar em conformidade com as leis e regulamentos aplicáveis, como o Código de Defesa do Consumidor. Os peritos devem identificar qualquer cláusula que possa ser considerada abusiva ou ilegal.

2. Cálculo do Valor Residual Garantido (VRG)

O VRG é um componente crítico dos contratos de leasing, pois determina o valor que o cliente deve pagar para adquirir o ativo ao final do contrato. O cálculo preciso do VRG é essencial para garantir que o valor seja justo e refletido adequadamente no contrato.

- **Determinação do VRG**: O VRG deve ser claramente especificado no contrato e deve refletir o valor justo de mercado do ativo ao final do período de leasing. Os peritos devem verificar se o VRG foi calculado corretamente e se está em conformidade com as práticas de mercado.
- **Impacto no Custo Total**: O VRG pode ter um impacto significativo no custo total do leasing. Os peritos devem calcular o custo total do arrendamento, incluindo o VRG, para garantir que os clientes estejam cientes do valor total que pagarão ao longo do contrato.

- **Comparação com Valores de Mercado**: Os peritos devem comparar o VRG com os valores de mercado de ativos semelhantes para garantir que o valor seja justo e razoável.

3. Análise de Taxas de Leasing

As taxas de leasing determinam o custo do arrendamento e têm um impacto significativo nos pagamentos mensais. A análise dessas taxas é essencial para garantir que sejam justas e transparentes.

- **Cálculo das Taxas de Leasing**: Os peritos devem calcular as taxas de leasing com base no valor do ativo, no prazo do arrendamento e nas condições de pagamento. É importante garantir que as taxas sejam calculadas corretamente e estejam claramente descritas no contrato.
- **Comparação com Taxas de Mercado**: As taxas de leasing devem ser comparadas com as taxas de mercado vigentes para determinar se são competitivas e justas. Isso ajuda a identificar qualquer discrepância significativa que possa indicar práticas abusivas.
- **Verificação de Transparência**: As taxas de leasing devem ser claramente divulgadas no contrato, incluindo quaisquer condições que possam afetar o valor das parcelas mensais. Os peritos devem garantir que o contrato forneça informações claras e compreensíveis.

Exemplos de Prática

Para ilustrar a aplicação prática das metodologias de perícia em leasing, consideramos dois estudos de caso que destacam a importância dessa análise.

Estudo de Caso 1: VRG Inflacionado

Um cliente contratou um leasing de veículo com um VRG que parecia excessivamente alto em comparação com o valor de mercado do veículo ao final do contrato. A perícia revelou que o VRG foi calculado com base em uma valorização irrealista do veículo, resultando em um custo total significativamente maior para o cliente. Com base na análise, o cliente conseguiu renegociar o VRG para um valor mais justo, alinhado ao valor de mercado.

Estudo de Caso 2: Taxas de Leasing Onerosas

Em outro caso, um cliente descobriu que as taxas de leasing cobradas eram significativamente mais altas do que as taxas de mercado para ativos semelhantes. A perícia identificou que as taxas foram inflacionadas devido a cláusulas contratuais ambíguas que permitiam ajustes discricionários. Como resultado, o cliente foi capaz de negociar uma redução nas taxas de leasing e obter um reembolso das cobranças excessivas.

Desafios na Perícia em Leasing

A perícia em leasing apresenta uma série de desafios que os peritos devem estar preparados para enfrentar.

- **Complexidade Contratual**: Os contratos de leasing podem ser complexos e incluir cláusulas que dificultam a identificação de práticas abusivas. Os peritos devem ser capazes de interpretar essas cláusulas e aplicar seu julgamento profissional para identificar irregularidades.
- **Interpretação de Valor de Mercado**: Determinar o valor justo de mercado de um ativo ao final do contrato pode ser desafiador, especialmente em mercados voláteis. Os peritos devem utilizar dados de mercado atualizados e metodologias robustas para garantir avaliações precisas.
- **Conformidade Multijurisdicional**: Em casos que envolvem múltiplas jurisdições, os peritos podem enfrentar o desafio de garantir a conformidade com diferentes conjuntos de leis e regulamentos. Isso pode exigir uma compreensão das normas internacionais e a colaboração com especialistas locais.

Soluções para Desafios

Para superar os desafios associados à perícia em leasing, os peritos podem adotar várias estratégias eficazes:

- **Educação Contínua**: Participar de cursos e workshops sobre práticas de leasing e regulatórias pode ajudar os peritos a se manterem atualizados sobre as melhores práticas e tendências do setor.

- **Uso de Tecnologia**: Adotar tecnologias avançadas, como software de análise financeira e ferramentas de visualização de dados, pode ajudar a gerenciar grandes volumes de dados e realizar análises complexas de forma mais eficiente.
- **Colaboração Multidisciplinar**: Trabalhar em equipe com advogados, economistas e outros especialistas pode enriquecer a análise e proporcionar uma visão mais abrangente do caso.

Conclusão

A perícia em leasing é uma prática essencial na perícia financeira, garantindo que os contratos de arrendamento mercantil sejam conduzidos de forma justa e transparente. Ao aplicar metodologias rigorosas e utilizar ferramentas tecnológicas avançadas, os peritos podem identificar práticas abusivas, proteger os direitos dos consumidores e promover a justiça no setor financeiro. A educação contínua e a colaboração com especialistas jurídicos são fundamentais para o sucesso na análise de contratos de leasing, capacitando os peritos a oferecer análises precisas e juridicamente válidas.

Capítulo 6: Liquidação de Sentenças e Impugnações

Este subcapítulo fornece uma visão abrangente dos procedimentos e técnicas utilizadas na liquidação de sentença, destacando a importância da análise detalhada e precisa dos critérios estabelecidos na sentença judicial.

6.1: Liquidação de Sentença

A liquidação de sentença é um processo crucial no contexto jurídico, especialmente em casos que envolvem questões financeiras complexas. Este subcapítulo explora os métodos e procedimentos para calcular valores devidos em uma liquidação de sentença, destacando a aplicação prática dessas técnicas com exemplos detalhados. A finalidade é garantir que as decisões judiciais sejam executadas de maneira justa e precisa, refletindo corretamente os direitos e obrigações das partes envolvidas.

Compreendendo a Liquidação de Sentença

Liquidação de sentença é o processo pelo qual se determina o valor exato a ser pago ou recebido por uma das partes, conforme decidido em uma sentença judicial. Isso ocorre quando a sentença não especifica um valor monetário preciso, exigindo cálculos adicionais para quantificar a obrigação.

Tipos de Liquidação

1. **Liquidação por Arbitramento**: Utilizada quando é necessário o conhecimento técnico de um perito para determinar o valor devido. Isso é comum em casos que envolvem cálculos financeiros complexos ou avaliação de ativos.
2. **Liquidação por Artigos**: Aplicada quando a determinação do valor depende de fatos novos que não foram considerados na sentença original. Requer a apresentação de provas adicionais pelas partes.

3. **Liquidação por Cálculo**: Quando o valor pode ser determinado através de cálculos aritméticos simples, com base nos critérios estabelecidos na sentença.

Procedimentos para Liquidação de Sentença

A liquidação de sentença envolve várias etapas, desde a análise da sentença original até a execução dos cálculos necessários para determinar o valor devido.

1. Análise da Sentença

A primeira etapa na liquidação de sentença é a análise detalhada da decisão judicial original. Isso envolve a compreensão dos critérios estabelecidos pelo juiz para a determinação do valor devido.

- **Identificação dos Critérios**: Os peritos devem identificar os critérios específicos que a sentença estabelece para a liquidação, como taxas de juros, índices de correção monetária e prazos.
- **Interpretação das Condições**: A interpretação correta das condições estabelecidas na sentença é crucial para garantir que os cálculos sejam realizados de acordo com a intenção do tribunal.

2. Coleta de Dados

A coleta de dados precisos é essencial para a realização de cálculos corretos na liquidação de sentença. Isso pode incluir dados financeiros, índices econômicos e documentação relevante.

- **Documentação Financeira**: Reunir documentos financeiros relevantes, como extratos bancários, contratos e registros contábeis, que possam impactar o valor devido.
- **Índices Econômicos**: Identificar os índices econômicos aplicáveis, como índices de inflação ou taxas de câmbio, que devem ser utilizados nos cálculos.

3. Realização dos Cálculos

Com base nos critérios estabelecidos na sentença e nos dados coletados, os peritos realizam os cálculos necessários para determinar o valor exato devido.

- **Cálculo de Juros**: Aplicar as taxas de juros especificadas na sentença para calcular os juros acumulados sobre o valor principal devido.
- **Correção Monetária**: Utilizar os índices de correção monetária apropriados para ajustar o valor devido, garantindo que reflita o poder de compra atual.
- **Descontos e Compensações**: Considerar quaisquer descontos ou compensações que possam ser aplicáveis, conforme especificado na sentença.

4. Elaboração do Relatório de Liquidação

Após a realização dos cálculos, os peritos elaboram um relatório detalhado que documenta o processo de liquidação e apresenta o valor final devido.

- **Descrição dos Cálculos**: O relatório deve incluir uma descrição detalhada dos cálculos realizados, incluindo as fórmulas utilizadas e os dados aplicados.
- **Justificativa das Metodologias**: Fornecer uma justificativa clara para as metodologias escolhidas, garantindo que estejam em conformidade com os critérios estabelecidos na sentença.
- **Conclusão e Recomendações**: Apresentar a conclusão sobre o valor devido e quaisquer recomendações para a execução do pagamento ou recebimento.

Exemplos Práticos de Liquidação de Sentença

Para ilustrar a aplicação prática dos procedimentos de liquidação de sentença, consideramos dois exemplos que destacam a importância dessa análise.

Exemplo 1: Liquidação de Sentença em Caso de Danos Materiais

Em um caso de danos materiais, a sentença determinou que o réu deveria compensar o autor pelos custos de reparo de um imóvel danificado. A liquidação de sentença envolveu a coleta de orçamentos de reparo, a aplicação de correção monetária sobre os valores estimados e o cálculo de juros desde a data do dano até a data do pagamento. O relatório final apresentou um valor consolidado que refletia o custo atualizado dos reparos, garantindo que o autor fosse devidamente compensado.

Exemplo 2: Liquidação de Sentença em Caso de Lucros Cessantes

Em um caso de lucros cessantes, a sentença determinou que o réu deveria compensar o autor pela perda de receita devido a uma interrupção comercial. A liquidação de sentença exigiu a análise dos registros financeiros da empresa para estimar a receita perdida, a aplicação de correção monetária e o cálculo de juros sobre o valor estimado. O relatório final forneceu uma quantificação precisa da perda de receita, permitindo que o autor buscasse a compensação adequada.

Desafios na Liquidação de Sentença

A liquidação de sentença apresenta uma série de desafios que os peritos devem estar preparados para enfrentar.

- **Complexidade dos Cálculos**: Casos que envolvem cálculos financeiros complexos podem ser desafiadores, especialmente quando requerem a aplicação de múltiplos índices econômicos ou taxas de juros variáveis.
- **Interpretação da Sentença**: A interpretação correta dos critérios estabelecidos na sentença é crucial para garantir que os cálculos reflitam a intenção do tribunal. Ambiguidades na sentença podem complicar o processo de liquidação.
- **Coleta de Dados Precisos**: A coleta de dados precisos e atualizados é essencial para a realização de cálculos corretos. Dados incorretos ou

desatualizados podem levar a erros significativos na quantificação do valor devido.

Soluções para Desafios

Para superar os desafios associados à liquidação de sentença, os peritos podem adotar várias estratégias eficazes:

- **Educação Contínua**: Participar de cursos e workshops sobre técnicas de cálculo financeiro e interpretação de sentenças pode ajudar os peritos a aprimorar suas habilidades e a se manterem atualizados sobre as melhores práticas.
- **Uso de Tecnologia**: Adotar tecnologias avançadas, como software de análise financeira e ferramentas de visualização de dados, pode ajudar a gerenciar grandes volumes de dados e realizar cálculos complexos de forma mais eficiente.
- **Colaboração Multidisciplinar**: Trabalhar em equipe com advogados, economistas e outros especialistas pode enriquecer a análise e proporcionar uma visão mais abrangente do caso.

Conclusão

A liquidação de sentença é uma prática essencial na execução de decisões judiciais, garantindo que os valores devidos sejam calculados de forma justa e precisa. Ao aplicar metodologias rigorosas e utilizar ferramentas tecnológicas avançadas, os peritos podem garantir que suas análises reflitam corretamente os direitos e obrigações das partes envolvidas. A educação contínua e a colaboração com especialistas jurídicos são fundamentais para o sucesso na liquidação de sentença, capacitando os peritos a oferecer análises precisas e juridicamente válidas.

Capítulo 6: Liquidação de Sentenças e Impugnações

Este subcapítulo fornece uma visão abrangente dos procedimentos e estratégias para impugnação de cálculos e honorários, destacando a importância da análise detalhada e precisa dos critérios estabelecidos na sentença judicial.

6.2: Impugnação de Cálculos e Honorários

A impugnação de cálculos e honorários é uma etapa crítica no processo judicial, especialmente em ações que envolvem questões financeiras complexas. Este subcapítulo explora os métodos e estratégias para contestar cálculos apresentados em liquidações de sentença e a fixação de honorários periciais, fornecendo exemplos práticos e orientações sobre como proceder de maneira eficaz e juridicamente embasada.

Compreendendo a Impugnação de Cálculos

A impugnação de cálculos ocorre quando uma das partes em um processo judicial acredita que os cálculos apresentados pela parte contrária ou pelo perito do juízo contêm erros ou inconsistências. Essa contestação é essencial para assegurar que os valores determinados sejam justos e precisos.

Motivos Comuns para Impugnação

1. **Erros de Cálculo**: Podem incluir erros aritméticos, aplicação incorreta de taxas de juros ou uso inadequado de índices de correção monetária.
2. **Métodos Inadequados**: Utilização de metodologias de cálculo que não estão de acordo com os critérios definidos na sentença ou que não seguem práticas contábeis aceitas.
3. **Dados Incompletos ou Incorretos**: Falta de dados relevantes ou uso de informações desatualizadas que podem afetar o resultado dos cálculos.

4. **Interpretação Errônea da Sentença**: Aplicação incorreta dos critérios estabelecidos pela sentença, levando a uma quantificação incorreta dos valores devidos.

Procedimentos para Impugnação de Cálculos

A impugnação de cálculos deve ser conduzida de forma metódica e fundamentada, seguindo procedimentos claros para garantir que a contestação seja aceita pelo tribunal.

1. Revisão Detalhada dos Cálculos

O primeiro passo na impugnação de cálculos é realizar uma revisão detalhada dos cálculos apresentados, identificando quaisquer erros ou inconsistências.

- **Verificação Aritmética**: Conferir todos os cálculos aritméticos para garantir que não haja erros básicos que possam ter passado despercebidos.
- **Revisão de Métodos**: Avaliar as metodologias de cálculo utilizadas para garantir que estejam de acordo com os critérios definidos na sentença e com as práticas contábeis aceitas.
- **Análise de Dados**: Verificar se os dados utilizados nos cálculos são completos, precisos e atualizados.

2. Elaboração de Relatório de Impugnação

Após identificar os problemas nos cálculos, a parte impugnante deve elaborar um relatório detalhado que documente os erros encontrados e forneça uma justificativa clara para a contestação.

- **Descrição dos Erros**: O relatório deve incluir uma descrição detalhada dos erros identificados, incluindo exemplos específicos e cálculos revisados.
- **Justificativa da Impugnação**: Fornecer uma justificativa clara para a impugnação, citando normas legais, práticas contábeis ou critérios da sentença que foram violados.

- **Proposta de Correção**: Apresentar cálculos revisados que corrigem os erros identificados, fornecendo uma quantificação precisa dos valores devidos.

3. Apresentação ao Tribunal

O relatório de impugnação deve ser apresentado ao tribunal, acompanhado de uma petição que explique os motivos da contestação e solicite a revisão dos cálculos.

- **Petição de Impugnação**: A petição deve incluir um resumo dos erros identificados, a justificativa para a impugnação e um pedido claro para que o tribunal revise os cálculos.
- **Anexos e Evidências**: Incluir quaisquer documentos de suporte, como cópias dos cálculos revisados, dados financeiros relevantes e referências a normas legais ou contábeis.

Compreendendo a Impugnação de Honorários

A impugnação de honorários periciais ocorre quando uma das partes contesta o valor dos honorários fixados para o perito do juízo. Isso pode ocorrer quando os honorários são considerados excessivos ou não condizentes com o trabalho realizado.

Motivos Comuns para Impugnação de Honorários

1. **Valor Excessivo**: Quando os honorários fixados são considerados desproporcionais ao trabalho realizado pelo perito.
2. **Falta de Justificativa**: Ausência de uma justificativa clara para o valor dos honorários, incluindo a descrição das atividades realizadas e o tempo dedicado.
3. **Comparação com Práticas de Mercado**: Quando os honorários não estão em linha com as práticas de mercado para serviços similares.

Procedimentos para Impugnação de Honorários

A impugnação de honorários deve ser conduzida com base em uma análise cuidadosa e fundamentada, seguindo procedimentos claros para garantir que a contestação seja aceita pelo tribunal.

1. Revisão dos Honorários Fixados

O primeiro passo na impugnação de honorários é revisar o valor fixado e a justificativa apresentada pelo perito.

- **Análise de Justificativas**: Avaliar a justificativa fornecida para o valor dos honorários, incluindo a descrição das atividades realizadas, o tempo dedicado e a complexidade do trabalho.
- **Comparação com Práticas de Mercado**: Comparar os honorários fixados com as práticas de mercado para serviços similares, considerando a experiência do perito e a complexidade do caso.

2. Elaboração de Relatório de Impugnação

Após identificar os problemas nos honorários fixados, a parte impugnante deve elaborar um relatório detalhado que documente as razões para a contestação.

- **Descrição dos Problemas**: O relatório deve incluir uma descrição detalhada dos problemas identificados, incluindo exemplos específicos e comparações com práticas de mercado.
- **Justificativa da Impugnação**: Fornecer uma justificativa clara para a impugnação, citando práticas de mercado, normas legais ou critérios de razoabilidade que foram violados.
- **Proposta de Reajuste**: Apresentar uma proposta de reajuste dos honorários que seja mais condizente com o trabalho realizado e as práticas de mercado.

3. Apresentação ao Tribunal

O relatório de impugnação deve ser apresentado ao tribunal, acompanhado de uma petição que explique os motivos da contestação e solicite a revisão dos honorários.

- **Petição de Impugnação**: A petição deve incluir um resumo dos problemas identificados, a justificativa para a impugnação e um pedido claro para que o tribunal revise os honorários.
- **Anexos e Evidências**: Incluir quaisquer documentos de suporte, como comparações com práticas de mercado, descrições detalhadas das atividades realizadas e referências a normas legais.

Exemplos Práticos de Impugnação

Para ilustrar a aplicação prática dos procedimentos de impugnação de cálculos e honorários, consideramos dois exemplos que destacam a importância dessa análise.

Exemplo 1: Impugnação de Cálculos em Caso de Indenização

Em um caso de indenização por danos morais, a parte ré identificou erros nos cálculos apresentados pelo autor, que resultaram em um valor excessivo de indenização. A impugnação foi baseada em erros aritméticos e na aplicação incorreta de taxas de juros. O relatório de impugnação apresentou cálculos revisados que corrigiram os erros identificados, resultando em uma redução significativa no valor da indenização.

Exemplo 2: Impugnação de Honorários Periciais

Em outro caso, a parte ré contestou os honorários fixados para o perito do juízo, que foram considerados excessivos em relação ao trabalho realizado. A impugnação foi baseada na falta de justificativa clara para o valor dos honorários e na comparação com práticas de mercado. O relatório de impugnação apresentou uma análise detalhada das atividades realizadas pelo perito e uma proposta de reajuste dos honorários, que foi aceita pelo tribunal.

Desafios na Impugnação de Cálculos e Honorários

A impugnação de cálculos e honorários apresenta uma série de desafios que as partes devem estar preparadas para enfrentar.

- **Complexidade Técnica**: Casos que envolvem cálculos financeiros complexos podem ser desafiadores, especialmente quando requerem a aplicação de múltiplos índices econômicos ou taxas de juros variáveis.
- **Interpretação de Normas**: A interpretação correta das normas legais e contábeis é crucial para garantir que a impugnação seja fundamentada e aceita pelo tribunal.
- **Coleta de Evidências**: A coleta de evidências precisas e relevantes é essencial para a impugnação bem-sucedida. Dados incorretos ou desatualizados podem comprometer a contestação.

Soluções para Desafios

Para superar os desafios associados à impugnação de cálculos e honorários, as partes podem adotar várias estratégias eficazes:

- **Consultoria Especializada**: Trabalhar com consultores especializados, como contadores e advogados, pode ajudar a identificar erros nos cálculos e a elaborar uma impugnação bem fundamentada.
- **Uso de Tecnologia**: Adotar tecnologias avançadas, como software de análise financeira, pode ajudar a identificar erros nos cálculos e a realizar análises comparativas de honorários.
- **Educação Contínua**: Participar de cursos e workshops sobre técnicas de cálculo financeiro e práticas de mercado pode ajudar as partes a aprimorar suas habilidades e a se manterem atualizadas sobre as melhores práticas.

Conclusão

A impugnação de cálculos e honorários é uma prática essencial para garantir que os valores determinados em um processo judicial sejam justos e precisos. Ao aplicar metodologias rigorosas e utilizar ferramentas tecnológicas avançadas, as partes podem garantir que suas impugnações sejam bem fundamentadas e aceitas pelo tribunal. A consultoria especializada e a educação contínua são fundamentais para o sucesso na impugnação de cálculos e honorários, capacitando as partes a oferecer análises precisas e juridicamente válidas.

Capítulo 6: Liquidação de Sentenças e Impugnações

Este subcapítulo fornece uma visão abrangente das estratégias avançadas para impugnação de cálculos e honorários, destacando a importância da análise detalhada e precisa dos critérios estabelecidos na sentença judicial.

6.3: Estratégias Avançadas para Impugnação de Cálculos e Honorários

---

No cenário jurídico, a impugnação de cálculos e honorários é uma prática que requer não apenas um entendimento técnico, mas também estratégias sofisticadas para lidar com as complexidades dos processos judiciais. Este subcapítulo explora estratégias avançadas para a impugnação de cálculos financeiros e honorários periciais, destacando abordagens práticas, exemplos de aplicação e as melhores práticas para garantir uma contestação eficaz e juridicamente sólida.

Compreendendo o Contexto da Impugnação

A impugnação de cálculos e honorários surge quando uma parte em um litígio acredita que os valores apresentados são incorretos ou injustificados. Isso pode ocorrer em diversos contextos, incluindo liquidações de sentença, arbitramentos e acordos judiciais. A capacidade de contestar esses valores de maneira eficaz pode impactar significativamente o resultado financeiro de um caso.

Importância da Impugnação

- **Garantia de Justiça**: Assegura que os valores determinados reflitam com precisão as obrigações e direitos das partes, evitando pagamentos excessivos ou insuficientes.
- **Transparência e Conformidade**: Promove a transparência nos processos judiciais e garante que os cálculos estejam em conformidade com as normas legais e regulatórias.

- **Proteção Financeira**: Protege as partes de encargos financeiros indevidos, garantindo que os honorários periciais sejam proporcionais ao trabalho realizado.

Estratégias Avançadas de Impugnação

Para contestar cálculos e honorários de forma eficaz, é necessário adotar estratégias avançadas que combinem análise técnica com argumentação jurídica.

1. Análise Técnica Detalhada

Uma análise técnica detalhada é o ponto de partida para qualquer impugnação bem-sucedida. Isso envolve uma revisão minuciosa dos cálculos apresentados e a identificação de quaisquer erros ou inconsistências.

- **Revisão Matemática**: Verificar todos os cálculos aritméticos para garantir que não haja erros básicos. Isso inclui a verificação de somas, subtrações, multiplicações e divisões.
- **Avaliação de Metodologias**: Analisar as metodologias de cálculo utilizadas para garantir que estejam de acordo com as práticas contábeis aceitas e os critérios definidos na sentença.
- **Verificação de Dados**: Garantir que os dados utilizados nos cálculos sejam completos, precisos e atualizados. Isso pode incluir a revisão de registros financeiros, índices econômicos e documentos de suporte.

2. Argumentação Jurídica

A argumentação jurídica é essencial para fundamentar a impugnação e persuadir o tribunal a revisar os cálculos ou honorários. Isso requer um entendimento profundo das normas legais e regulatórias aplicáveis.

- **Interpretação da Sentença**: Analisar a sentença original para entender os critérios estabelecidos para a liquidação ou fixação de honorários. Isso ajuda a identificar quaisquer desvios nos cálculos apresentados.

- **Citação de Precedentes**: Utilizar precedentes judiciais para apoiar a impugnação, destacando casos semelhantes em que cálculos ou honorários foram revisados.
- **Referência a Normas Legais**: Citar normas legais e regulatórias que sustentam a impugnação, como o Código de Processo Civil ou o Código de Defesa do Consumidor.

3. Uso de Tecnologia

A tecnologia pode ser uma aliada poderosa na impugnação de cálculos e honorários, facilitando a análise de dados complexos e a apresentação de evidências.

- **Software de Análise Financeira**: Utilizar software especializado para automatizar cálculos complexos e identificar discrepâncias nos valores apresentados.
- **Ferramentas de Visualização de Dados**: Criar gráficos e tabelas que ilustrem claramente os erros identificados e as correções propostas, tornando a argumentação mais persuasiva.
- **Simulações e Modelagens**: Realizar simulações para prever o impacto de diferentes cenários de cálculo, ajudando a demonstrar a validade das correções propostas.

4. Colaboração com Especialistas

Trabalhar em colaboração com especialistas pode enriquecer a impugnação, proporcionando uma visão multidisciplinar e fortalecendo a argumentação.

- **Consultoria Contábil**: Consultar contadores ou auditores para revisar os cálculos e fornecer uma análise técnica detalhada.
- **Assessoria Jurídica**: Trabalhar com advogados especializados para desenvolver uma estratégia jurídica sólida e garantir que a impugnação esteja bem fundamentada.
- **Perícia Independente**: Em alguns casos, pode ser útil contratar um perito independente para revisar os cálculos e fornecer um laudo pericial que apoie a impugnação.

Exemplos de Aplicação Prática

Para ilustrar a aplicação prática dessas estratégias avançadas, consideramos dois exemplos que destacam a importância de uma abordagem meticulosa e bem fundamentada.

Exemplo 1: Impugnação de Cálculos em Caso de Lucros Cessantes

Em um caso de lucros cessantes, a parte ré contestou os cálculos apresentados pelo autor, que resultavam em um valor excessivo de indenização. A impugnação foi baseada em erros na aplicação das taxas de correção monetária e na utilização de dados desatualizados sobre a receita da empresa. A estratégia de impugnação incluiu a revisão detalhada dos cálculos, a apresentação de dados financeiros atualizados e a citação de precedentes judiciais que apoiavam a correção dos valores. O tribunal aceitou a impugnação, resultando em uma redução significativa na indenização.

Exemplo 2: Impugnação de Honorários Periciais em Arbitramento

Em um processo de arbitramento, a parte impugnante contestou os honorários fixados para o perito, que foram considerados excessivos em relação ao trabalho realizado. A impugnação foi baseada na falta de justificativa clara para o valor dos honorários e na comparação com práticas de mercado. A estratégia incluiu uma análise detalhada das atividades realizadas pelo perito, o uso de software de análise financeira para calcular o tempo dedicado e uma proposta de reajuste dos honorários baseada em referências de mercado. O tribunal arbitral aceitou a impugnação e ajustou os honorários para um valor mais razoável.

Desafios e Soluções na Impugnação Avançada

A impugnação de cálculos e honorários apresenta desafios que requerem soluções inovadoras e uma abordagem estratégica.

Desafios

- **Complexidade Técnica**: A complexidade dos cálculos financeiros pode dificultar a identificação de erros, especialmente em casos que envolvem múltiplos índices econômicos ou taxas de juros variáveis.
- **Interpretação de Normas**: A interpretação correta das normas legais e regulatórias é crucial para fundamentar a impugnação e persuadir o tribunal.
- **Resistência das Partes Contrárias**: As partes contrárias podem resistir à impugnação, exigindo uma argumentação persuasiva e bem fundamentada.

Soluções

- **Educação Contínua**: Participar de cursos e workshops sobre técnicas de cálculo financeiro e práticas de mercado pode ajudar a aprimorar as habilidades e a se manter atualizado sobre as melhores práticas.
- **Uso de Tecnologia**: Adotar tecnologias avançadas, como software de análise financeira, pode ajudar a identificar erros nos cálculos e a realizar análises comparativas de honorários.
- **Consultoria Especializada**: Trabalhar com consultores especializados, como contadores e advogados, pode ajudar a identificar erros nos cálculos e a elaborar uma impugnação bem fundamentada.

Conclusão

A impugnação de cálculos e honorários é uma prática essencial para garantir que os valores determinados em um processo judicial sejam justos e precisos. Ao aplicar estratégias avançadas e utilizar ferramentas tecnológicas, as partes podem garantir que suas impugnações sejam bem fundamentadas e aceitas pelo tribunal. A colaboração com especialistas e a educação contínua são fundamentais para o sucesso na impugnação de cálculos e honorários, capacitando as partes a oferecer análises precisas e juridicamente válidas.

Capítulo 7: Correção Monetária e Juros

Este subcapítulo fornece uma visão abrangente dos métodos e ferramentas utilizados na aplicação de índices de correção, destacando a importância da escolha correta do índice e da aplicação precisa dos cálculos de correção monetária.

7.1: Aplicação de Índices de Correção

A aplicação de índices de correção monetária é um componente fundamental na análise financeira e na execução de decisões judiciais que envolvem valores monetários. Este subcapítulo explora os métodos e ferramentas utilizados para aplicar índices de correção, destacando a importância de escolher o índice correto e fornecendo exemplos de uso prático. A correção monetária visa preservar o valor real do dinheiro ao longo do tempo, ajustando valores para refletir a inflação ou outras mudanças econômicas.

Importância da Correção Monetária

A correção monetária é essencial para garantir que os valores monetários mantenham seu poder de compra ao longo do tempo. Em um ambiente econômico onde a inflação pode corroer o valor do dinheiro, aplicar índices de correção é crucial para refletir o valor real das obrigações financeiras.

Objetivos da Correção Monetária

- **Preservação do Valor Real**: Ajustar valores monetários para que reflitam o poder de compra atual, evitando perdas financeiras devido à inflação.
- **Equidade em Transações**: Garantir que as transações financeiras sejam justas e equitativas, ajustando valores para refletir mudanças econômicas.

- **Conformidade Legal**: Cumprir requisitos legais e regulatórios que exigem a aplicação de correção monetária em determinadas transações ou decisões judiciais.

Métodos de Aplicação de Índices de Correção

A aplicação de índices de correção envolve a escolha do índice apropriado e a aplicação correta desse índice aos valores monetários. Os métodos variam dependendo do contexto e dos requisitos legais.

1. Escolha do Índice de Correção

A escolha do índice de correção é um passo crítico no processo. Diferentes índices são utilizados para diferentes propósitos, e a escolha errada pode levar a resultados incorretos.

- **Índice de Preços ao Consumidor Amplo (IPCA)**: Amplamente utilizado no Brasil, o IPCA mede a variação dos preços de uma cesta de bens e serviços e é frequentemente utilizado para ajustar valores em contratos e decisões judiciais.
- **Índice Geral de Preços do Mercado (IGP-M)**: Outro índice popular, o IGP-M é utilizado principalmente em ajustes de contratos de aluguel e tarifas públicas.
- **Taxa Referencial (TR)**: Utilizada em financiamentos imobiliários e na correção de saldos de contas de poupança.
- **Índices Setoriais**: Em alguns casos, índices específicos de setores ou regiões podem ser utilizados para refletir melhor as condições econômicas locais.

2. Aplicação do Índice

Após escolher o índice apropriado, o próximo passo é aplicá-lo corretamente ao valor monetário. Isso envolve a multiplicação do valor original pelo fator de correção calculado com base no índice escolhido.

- **Cálculo do Fator de Correção**: O fator de correção é calculado dividindo o índice do período final pelo índice do período inicial. Este fator é então aplicado ao valor original para determinar o valor corrigido.
- **Periodicidade da Correção**: A correção pode ser aplicada em diferentes bases temporais, como mensal, trimestral ou anual, dependendo dos requisitos contratuais ou legais.
- **Considerações de Arredondamento**: Em alguns casos, pode ser necessário arredondar o valor corrigido para garantir que seja consistente com práticas contábeis ou regulatórias.

Ferramentas para Aplicação de Índices de Correção

Várias ferramentas estão disponíveis para auxiliar na aplicação de índices de correção, facilitando cálculos precisos e eficientes.

1. Calculadoras Online

Calculadoras online são ferramentas úteis que permitem aplicar índices de correção de forma rápida e precisa. Muitas dessas calculadoras são fornecidas por instituições financeiras ou órgãos reguladores e incluem índices atualizados regularmente.

- **Calculadora do Cidadão (Banco Central do Brasil)**: Uma ferramenta popular que permite calcular a correção monetária com base em vários índices, incluindo IPCA e TR.
- **Portais de Índices Econômicos**: Muitos portais financeiros oferecem calculadoras que permitem aplicar índices específicos a valores monetários.

2. Software de Análise Financeira

Software de análise financeira pode ser usado para realizar cálculos de correção monetária em larga escala, sendo ideal para empresas ou profissionais que lidam com grandes volumes de dados.

- **Planilhas Eletrônicas**: Programas como Microsoft Excel ou Google Sheets podem ser usados para criar modelos personalizados de correção monetária, permitindo cálculos automatizados e análises de cenários.
- **Software Especializado**: Existem softwares especializados que oferecem funcionalidades avançadas para cálculos de correção monetária, incluindo integração com bases de dados de índices econômicos.

3. Bases de Dados de Índices

Acesso a bases de dados confiáveis de índices econômicos é crucial para garantir que os cálculos de correção monetária sejam baseados em dados precisos e atualizados.

- **Instituições Governamentais**: Órgãos como o Instituto Brasileiro de Geografia e Estatística (IBGE) e a Fundação Getúlio Vargas (FGV) fornecem dados atualizados sobre índices econômicos.
- **Serviços de Dados Financeiros**: Empresas que oferecem serviços de dados financeiros frequentemente incluem índices econômicos em suas ofertas, permitindo acesso a dados históricos e previsões.

Exemplos de Uso Prático

Para ilustrar a aplicação prática dos métodos e ferramentas de correção monetária, consideramos dois exemplos que destacam a importância dessa análise.

Exemplo 1: Ajuste de Contrato de Aluguel

Um contrato de aluguel residencial prevê o reajuste anual do valor do aluguel com base no IGP-M. O perito financeiro utiliza a calculadora do cidadão para aplicar o índice ao valor do aluguel, garantindo que o reajuste reflita as condições econômicas atuais. O cálculo envolve a multiplicação do valor original do aluguel pelo fator de correção, resultando em um novo valor que preserva o poder de compra do proprietário.

Exemplo 2: Correção de Dívida Judicial

Em um caso judicial, a sentença determina que uma dívida deve ser corrigida monetariamente com base no IPCA desde a data do ajuizamento até o pagamento. O perito utiliza software de análise financeira para aplicar o índice de correção ao valor da dívida, garantindo que o valor corrigido reflita o poder de compra atual. O relatório final inclui uma descrição detalhada dos cálculos realizados e o valor corrigido, que é apresentado ao tribunal para execução.

Desafios na Aplicação de Índices de Correção

A aplicação de índices de correção apresenta uma série de desafios que os peritos devem estar preparados para enfrentar.

- **Escolha do Índice Apropriado**: A escolha do índice correto é crucial para garantir que os valores corrigidos reflitam com precisão as condições econômicas. A escolha errada pode levar a resultados incorretos e potenciais disputas legais.
- **Atualização de Dados**: Garantir que os dados de índices econômicos estejam atualizados é essencial para a precisão dos cálculos de correção monetária.
- **Interpretação de Normas**: A interpretação correta das normas legais e regulatórias é crucial para garantir que a aplicação de correção monetária esteja em conformidade com os requisitos legais.

Soluções para Desafios

Para superar os desafios associados à aplicação de índices de correção, os peritos podem adotar várias estratégias eficazes:

- **Educação Contínua**: Participar de cursos e workshops sobre índices econômicos e práticas de correção monetária pode ajudar os peritos a aprimorar suas habilidades e a se manterem atualizados sobre as melhores práticas.
- **Uso de Tecnologia**: Adotar tecnologias avançadas, como software de análise financeira, pode ajudar a gerenciar grandes volumes de dados e realizar cálculos complexos de forma mais eficiente.

- **Consultoria Especializada**: Trabalhar com economistas ou consultores especializados pode ajudar a garantir que os índices apropriados sejam escolhidos e aplicados corretamente.

Conclusão

A aplicação de índices de correção é uma prática essencial na análise financeira e na execução de decisões judiciais, garantindo que os valores monetários reflitam o poder de compra atual. Ao aplicar metodologias rigorosas e utilizar ferramentas tecnológicas avançadas, os peritos podem garantir que suas análises sejam precisas e juridicamente válidas. A educação contínua e a colaboração com especialistas são fundamentais para o sucesso na aplicação de índices de correção, capacitando os peritos a oferecer análises confiáveis e juridicamente embasadas.

Capítulo 7: Correção Monetária e Juros

Este subcapítulo fornece uma visão abrangente dos métodos e ferramentas utilizados no cálculo de danos materiais e lucros cessantes, destacando a importância da análise precisa e juridicamente embasada.

7.2: Cálculo de Danos Materiais e Lucros Cessantes

O cálculo de danos materiais e lucros cessantes é uma parte fundamental da perícia financeira, especialmente em litígios que envolvem compensações financeiras. Este subcapítulo explora as metodologias e práticas para calcular danos materiais e lucros cessantes, fornecendo exemplos práticos e destacando a importância de uma análise precisa e juridicamente embasada.

Compreendendo Danos Materiais e Lucros Cessantes

Danos materiais referem-se à perda ou dano físico a bens tangíveis, enquanto lucros cessantes são os ganhos que uma parte deixou de obter devido a um evento danoso. Ambos os conceitos são cruciais em ações judiciais que buscam compensação financeira.

Definições e Contextos

- **Danos Materiais**: Envolvem a reparação ou substituição de bens danificados, e o cálculo geralmente inclui o custo de reparo, substituição e depreciação.
- **Lucros Cessantes**: Referem-se à perda de receita que uma parte teria obtido se o evento danoso não tivesse ocorrido. Isso pode incluir perda de vendas, contratos cancelados ou interrupção de negócios.

Metodologias para Cálculo de Danos Materiais

O cálculo de danos materiais envolve a quantificação precisa do valor necessário para reparar ou substituir bens danificados.

1. Avaliação de Bens Danificados

A avaliação dos bens danificados é o primeiro passo no cálculo de danos materiais. Isso envolve determinar o valor de mercado dos bens antes e depois do dano.

- **Avaliação de Mercado**: Determinar o valor de mercado dos bens danificados com base em preços de mercado atuais ou avaliações de especialistas.
- **Custo de Reparo**: Calcular o custo necessário para reparar os bens danificados, incluindo materiais, mão de obra e outros custos associados.
- **Depreciação**: Considerar a depreciação dos bens ao calcular o valor de reposição, especialmente se os bens não puderem ser reparados.

2. Documentação e Evidências

A documentação adequada é essencial para sustentar o cálculo de danos materiais em um tribunal.

- **Orçamentos e Faturas**: Reunir orçamentos e faturas de reparos ou substituições para documentar os custos incorridos.
- **Relatórios de Avaliação**: Incluir relatórios de avaliação de especialistas que sustentem o valor de mercado dos bens danificados.
- **Fotografias e Registros**: Utilizar fotografias e registros dos bens antes e depois do dano como evidência visual.

Metodologias para Cálculo de Lucros Cessantes

O cálculo de lucros cessantes é mais complexo, pois envolve a previsão de receitas futuras que teriam sido obtidas na ausência do evento danoso.

1. Análise de Receita Histórica

A análise da receita histórica é um ponto de partida para estimar os lucros cessantes.

- **Dados de Receita Passada**: Analisar dados de receita passada para identificar tendências e padrões que possam ser extrapolados para o futuro.
- **Projeções de Crescimento**: Considerar projeções de crescimento baseadas em dados históricos e condições de mercado.
- **Desvios de Tendência**: Identificar desvios de tendência que possam ter impacto nas projeções de receita.

2. Modelagem Financeira

A modelagem financeira é uma ferramenta poderosa para calcular lucros cessantes, permitindo a criação de cenários e a análise de variáveis.

- **Modelos de Fluxo de Caixa**: Criar modelos de fluxo de caixa que projetam receitas e despesas futuras, considerando o impacto do evento danoso.
- **Análise de Sensibilidade**: Realizar análises de sensibilidade para avaliar como diferentes variáveis impactam os lucros cessantes.
- **Simulações de Cenários**: Utilizar simulações de cenários para prever diferentes resultados possíveis e calcular a perda de receita em cada cenário.

3. Considerações Legais e Contratuais

As considerações legais e contratuais são cruciais para garantir que o cálculo de lucros cessantes esteja em conformidade com as normas legais.

- **Revisão de Contratos**: Revisar contratos relevantes para identificar obrigações e expectativas que possam impactar o cálculo de lucros cessantes.
- **Conformidade com Normas Legais**: Garantir que o cálculo esteja em conformidade com as normas legais e regulatórias aplicáveis.
- **Consultoria Jurídica**: Trabalhar com advogados para interpretar cláusulas contratuais e garantir que o cálculo esteja juridicamente embasado.

Ferramentas para Cálculo de Danos Materiais e Lucros Cessantes

Várias ferramentas estão disponíveis para auxiliar no cálculo de danos materiais e lucros cessantes, facilitando análises precisas e eficientes.

1. Software de Análise Financeira

Software de análise financeira pode ser usado para realizar cálculos complexos e modelagem financeira.

- **Planilhas Eletrônicas**: Programas como Microsoft Excel ou Google Sheets podem ser usados para criar modelos personalizados de cálculo de danos e lucros.
- **Software Especializado**: Existem softwares especializados que oferecem funcionalidades avançadas para cálculos financeiros, incluindo integração com bases de dados econômicos.

2. Bases de Dados Econômicos

Acesso a bases de dados econômicos confiáveis é crucial para garantir que os cálculos sejam baseados em dados precisos e atualizados.

- **Instituições Governamentais**: Órgãos como o IBGE e a FGV fornecem dados atualizados sobre índices econômicos e projeções de mercado.
- **Serviços de Dados Financeiros**: Empresas que oferecem serviços de dados financeiros frequentemente incluem índices econômicos em suas ofertas, permitindo acesso a dados históricos e previsões.

3. Consultoria de Especialistas

Trabalhar com especialistas pode enriquecer o cálculo de danos materiais e lucros cessantes, proporcionando uma visão multidisciplinar.

- **Avaliação de Especialistas**: Consultar avaliadores ou peritos para obter avaliações precisas de bens danificados e projeções de receita.
- **Consultoria Jurídica**: Trabalhar com advogados para garantir que os cálculos estejam em conformidade com normas legais e contratuais.

Exemplos de Uso Prático

Para ilustrar a aplicação prática dos métodos e ferramentas de cálculo de danos materiais e lucros cessantes, consideramos dois exemplos que destacam a importância dessa análise.

Exemplo 1: Danos Materiais em Caso de Acidente de Trânsito

Em um caso de acidente de trânsito, o proprietário de um veículo danificado busca compensação pelos danos materiais. O perito financeiro utiliza relatórios de avaliação para determinar o valor de mercado do veículo antes do acidente e calcula o custo de reparo com base em orçamentos de oficinas. O relatório final inclui uma descrição detalhada dos cálculos realizados e o valor total dos danos materiais, que é apresentado ao tribunal para execução.

Exemplo 2: Lucros Cessantes em Caso de Interrupção de Negócios

Em um caso de interrupção de negócios devido a um incêndio, a empresa busca compensação pelos lucros cessantes. O perito utiliza dados de receita histórica para projetar a receita perdida durante o período de interrupção e cria modelos de fluxo de caixa para prever cenários futuros. O relatório final fornece uma quantificação precisa da perda de receita, permitindo que a empresa busque a compensação adequada.

Desafios no Cálculo de Danos Materiais e Lucros Cessantes

O cálculo de danos materiais e lucros cessantes apresenta uma série de desafios que os peritos devem estar preparados para enfrentar.

- **Estimativa de Valores Futuros**: A previsão de receitas futuras pode ser desafiadora, especialmente em mercados voláteis ou incertos.
- **Interpretação de Normas Legais**: A interpretação correta das normas legais e regulatórias é crucial para garantir que os cálculos estejam em conformidade com os requisitos legais.
- **Coleta de Dados Precisos**: A coleta de dados precisos e atualizados é essencial para a realização de cálculos corretos. Dados incorretos ou

desatualizados podem levar a erros significativos na quantificação dos valores devidos.

Soluções para Desafios

Para superar os desafios associados ao cálculo de danos materiais e lucros cessantes, os peritos podem adotar várias estratégias eficazes:

- **Educação Contínua**: Participar de cursos e workshops sobre técnicas de cálculo financeiro e análise de mercado pode ajudar os peritos a aprimorar suas habilidades e a se manterem atualizados sobre as melhores práticas.
- **Uso de Tecnologia**: Adotar tecnologias avançadas, como software de análise financeira, pode ajudar a gerenciar grandes volumes de dados e realizar cálculos complexos de forma mais eficiente.
- **Consultoria Especializada**: Trabalhar com economistas ou consultores especializados pode ajudar a garantir que os cálculos sejam precisos e juridicamente embasados.

Conclusão

O cálculo de danos materiais e lucros cessantes é uma prática essencial na perícia financeira, garantindo que as compensações financeiras sejam justas e precisas. Ao aplicar metodologias rigorosas e utilizar ferramentas tecnológicas avançadas, os peritos podem garantir que suas análises reflitam corretamente os direitos e obrigações das partes envolvidas. A educação contínua e a colaboração com especialistas são fundamentais para o sucesso no cálculo de danos materiais e lucros cessantes, capacitando os peritos a oferecer análises confiáveis e juridicamente válidas.

Capítulo 7: Correção Monetária e Juros

Este subcapítulo fornece uma visão abrangente dos métodos e ferramentas utilizados no cálculo de juros remuneratórios e moratórios, destacando a importância da análise precisa e juridicamente embasada.

7.3: Juros Remuneratórios e Moratórios

Os juros remuneratórios e moratórios desempenham papéis cruciais em contratos financeiros e decisões judiciais, influenciando o custo do dinheiro ao longo do tempo. Este subcapítulo explora a natureza, o cálculo e as aplicações práticas desses tipos de juros, fornecendo exemplos detalhados e destacando a importância de uma aplicação precisa e juridicamente embasada.

Compreendendo Juros Remuneratórios e Moratórios

Os juros são uma compensação pelo uso do capital ao longo do tempo. Eles podem ser divididos principalmente em duas categorias: remuneratórios e moratórios, cada um com funções e aplicações distintas.

Juros Remuneratórios

Os juros remuneratórios são aqueles pagos pelo uso do capital emprestado. Eles são acordados entre as partes em contratos financeiros e refletem o custo do empréstimo para o mutuário.

- **Finalidade**: Compensar o credor pelo uso do capital, cobrindo o custo de oportunidade e o risco associado ao empréstimo.
- **Aplicação**: Comuns em contratos de empréstimo e financiamento, onde são especificados como uma taxa anual ou mensal.
- **Cálculo**: Baseados em uma taxa de juros acordada, aplicada sobre o saldo devedor ao longo do tempo.

Juros Moratórios

Os juros moratórios, por outro lado, são aplicados em caso de atraso no pagamento de uma obrigação. Eles têm a função de penalizar o devedor pelo atraso e compensar o credor pelo tempo adicional sem o capital.

- **Finalidade**: Penalizar o atraso e compensar o credor por não ter acesso ao capital no prazo acordado.
- **Aplicação**: Aplicados em contratos financeiros, contas a pagar e decisões judiciais que envolvem atrasos no cumprimento de obrigações.
- **Cálculo**: Geralmente calculados como uma porcentagem fixa sobre o valor devido, por período de atraso.

Cálculo de Juros Remuneratórios

O cálculo dos juros remuneratórios é essencial para determinar o custo total de um empréstimo ou financiamento. Ele envolve a aplicação de uma taxa de juros sobre o saldo devedor ao longo do período do empréstimo.

1. Taxa de Juros

A taxa de juros é um elemento crítico no cálculo dos juros remuneratórios. Ela pode ser expressa de diferentes formas, incluindo taxa nominal, efetiva e real.

- **Taxa Nominal**: A taxa de juros declarada no contrato, sem considerar a capitalização ao longo do tempo.
- **Taxa Efetiva**: Considera a capitalização dos juros, refletindo o custo real do empréstimo.
- **Taxa Real**: Ajustada pela inflação, refletindo o ganho real do credor.

2. Capitalização de Juros

A capitalização de juros refere-se ao processo de calcular juros sobre o valor principal e os juros acumulados. A frequência de capitalização (mensal, trimestral, anual) impacta significativamente o custo total do empréstimo.

- **Capitalização Simples**: Juros calculados apenas sobre o principal.

- **Capitalização Composta**: Juros calculados sobre o principal e os juros acumulados de períodos anteriores.

3. Fórmulas de Cálculo

As fórmulas de cálculo variam dependendo da estrutura do contrato e da frequência de capitalização.

Juros Simples: $J = P \times i \times n$

Onde (J) é o valor dos juros, (P) é o principal, (i) é a taxa de juros, e (n) é o número de períodos.

Juros Compostos: $M = P \times (1 + i)^n$

Onde (M) é o montante final, (P) é o principal, (i) é a taxa de juros, e (n) é o número de períodos.

Cálculo de Juros Moratórios

Os juros moratórios são calculados para determinar a penalidade por atraso no pagamento de uma obrigação. Eles são aplicados sobre o valor devido durante o período de atraso.

1. Taxa de Juros Moratórios

A taxa de juros moratórios é geralmente fixada por lei ou acordo contratual. No Brasil, a taxa padrão é de 1% ao mês, salvo disposição em contrário.

2. Período de Atraso

O período de atraso é o tempo durante o qual a obrigação não foi cumprida. O cálculo dos juros moratórios leva em consideração esse período para determinar o valor total devido.

3. Fórmulas de Cálculo

Os juros moratórios são calculados como uma porcentagem do valor devido, aplicada ao longo do período de atraso.

Cálculo de Juros Moratórios: $JM = VD \times TM \times A$

> Onde (JM) é o valor dos juros moratórios, (VD) é o valor devido, (TM) é a taxa de juros moratórios, e (A) é o período de atraso em meses.

Aplicações Práticas

Para ilustrar a aplicação prática dos juros remuneratórios e moratórios, consideramos dois exemplos que destacam a importância dessa análise.

Exemplo 1: Empréstimo Pessoal com Juros Remuneratórios

Um cliente contraiu um empréstimo pessoal de R$ 10.000,00 com uma taxa de juros nominal de 12% ao ano, capitalizada mensalmente. O perito financeiro calcula os juros remuneratórios usando a fórmula de juros compostos para determinar o custo total do empréstimo ao longo de 24 meses. O cálculo inclui a aplicação da taxa efetiva mensal sobre o saldo devedor, resultando em um montante total que reflete o custo real do empréstimo para o cliente.

Exemplo 2: Atraso no Pagamento de Fatura com Juros Moratórios

Uma empresa atrasou o pagamento de uma fatura de R$ 5.000,00 por 3 meses. O contrato estipula uma taxa de juros moratórios de 1% ao mês. O perito calcula os juros moratórios aplicando a taxa sobre o valor devido durante o período de atraso, resultando em uma penalidade adicional que a empresa deve pagar ao credor. O cálculo é documentado e apresentado como parte de um relatório financeiro para resolução do litígio.

Desafios no Cálculo de Juros

O cálculo de juros remuneratórios e moratórios apresenta uma série de desafios que os peritos devem estar preparados para enfrentar.

- **Complexidade dos Contratos**: Contratos financeiros podem ser complexos, com cláusulas que impactam a aplicação de juros e a frequência de capitalização.
- **Interpretação de Normas Legais**: A interpretação correta das normas legais é crucial para garantir que os cálculos de juros estejam em conformidade com os requisitos legais.
- **Coleta de Dados Precisos**: A coleta de dados precisos e atualizados é essencial para a realização de cálculos corretos. Dados incorretos podem levar a erros significativos na quantificação dos valores devidos.

Soluções para Desafios

Para superar os desafios associados ao cálculo de juros remuneratórios e moratórios, os peritos podem adotar várias estratégias eficazes:

- **Educação Contínua**: Participar de cursos e workshops sobre técnicas de cálculo financeiro e análise de contratos pode ajudar os peritos a aprimorar suas habilidades e a se manterem atualizados sobre as melhores práticas.
- **Uso de Tecnologia**: Adotar tecnologias avançadas, como software de análise financeira, pode ajudar a gerenciar grandes volumes de dados e realizar cálculos complexos de forma mais eficiente.
- **Consultoria Especializada**: Trabalhar com economistas ou consultores especializados pode ajudar a garantir que os cálculos de juros sejam precisos e juridicamente embasados.

Conclusão

O cálculo de juros remuneratórios e moratórios é uma prática essencial na análise financeira e na execução de decisões judiciais, garantindo que os valores monetários reflitam o custo do dinheiro ao longo do tempo. Ao aplicar metodologias rigorosas e utilizar ferramentas tecnológicas avançadas, os peritos podem garantir que suas análises sejam precisas e juridicamente válidas. A educação contínua e a colaboração com especialistas são fundamentais para o sucesso no cálculo de juros, capacitando os peritos a oferecer análises confiáveis e juridicamente embasadas.

Capítulo 8: Análise de Investimentos e Avaliação Econômica

Este subcapítulo fornece uma visão abrangente dos métodos e ferramentas utilizados na avaliação de investimentos, destacando a importância da análise precisa e juridicamente embasada do VPL e TIR.

8.1: Avaliação de Investimentos: Valor Presente Líquido (VPL) e Taxa Interna de Retorno (TIR)

A avaliação de investimentos é uma prática essencial na gestão financeira, permitindo que empresas e investidores tomem decisões informadas sobre onde alocar seus recursos. Este subcapítulo explora duas das ferramentas mais importantes na análise de investimentos: o Valor Presente Líquido (VPL) e a Taxa Interna de Retorno (TIR). Ambas as métricas são críticas para avaliar a viabilidade e a rentabilidade de projetos de investimento, ajudando a determinar quais projetos devem ser aceitos ou rejeitados.

Compreendendo o Valor Presente Líquido (VPL)

O Valor Presente Líquido (VPL) é uma técnica de avaliação de investimentos que calcula o valor presente dos fluxos de caixa futuros esperados de um projeto, descontados a uma taxa específica, menos o investimento inicial. O VPL é uma medida do valor que um projeto adiciona ou subtrai ao valor da empresa.

Conceito e Importância

- **Valor Presente**: O conceito de valor presente é baseado na premissa de que o dinheiro tem um valor temporal, ou seja, um real hoje vale mais do que um real no futuro devido ao seu potencial de ganho.
- **Cálculo do VPL**: O VPL é calculado subtraindo o investimento inicial do valor presente dos fluxos de caixa futuros. Se o VPL for positivo, o

projeto é considerado viável, pois espera-se que gere mais valor do que o custo do capital investido.
- **Importância na Tomada de Decisão**: O VPL é amplamente utilizado por gestores financeiros e investidores para avaliar a rentabilidade de projetos de investimento, permitindo comparações objetivas entre diferentes oportunidades de investimento.

Fórmula do VPL

A fórmula básica para calcular o VPL é:

$$VPL = \sum \frac{FC_t}{(1+r)^t} - I_0$$

Onde:

FCt é o fluxo de caixa no período (t)
r é a taxa de desconto
t é o período de tempo
Io é o investimento inicial

Aplicação Prática do VPL

Para ilustrar a aplicação prática do VPL, consideremos um projeto de investimento que requer um investimento inicial de R$ 100.000 e espera gerar fluxos de caixa de R$ 30.000 por ano durante cinco anos, com uma taxa de desconto de 10%.

1. **Calcular o Valor Presente dos Fluxos de Caixa**:
    - Ano 1: 30.000 / (1 + 0,10)^1 = R$ 27.273
    - Ano 2: 30.000 / (1 + 0,10)^2 = R$ 24.793
    - Ano 3: 30.000 / (1 + 0,10)^3 = R$ 22.539
    - Ano 4: 30.000 / (1 + 0,10)^4 = R$ 20.490
    - Ano 5: 30.000 / (1 + 0,10)^5 = R$ 18.627

2. **Somar os Valores Presentes**:

Valor Presente Total: R$ 27.273 + R$ 24.793 + R$ 22.539 + R$ 20.490 + R$ 18.627 = R$ 113.722

3. **Calcular o VPL**:
   - VPL = R$ 113.722 - R$ 100.000 = R$ 13.722

Como o VPL é positivo, o projeto é considerado viável, pois espera-se que gere valor adicional para a empresa.

Compreendendo a Taxa Interna de Retorno (TIR)

A Taxa Interna de Retorno (TIR) é a taxa de desconto que faz com que o valor presente dos fluxos de caixa futuros de um projeto seja igual ao investimento inicial, resultando em um VPL de zero. A TIR é uma medida da rentabilidade esperada de um projeto.

Conceito e Importância

- **Taxa de Retorno**: A TIR representa a taxa de retorno esperada de um projeto, considerando os fluxos de caixa futuros e o investimento inicial.
- **Cálculo da TIR**: A TIR é calculada encontrando a taxa de desconto que faz com que o VPL seja igual a zero. Isso geralmente requer o uso de métodos iterativos ou software financeiro, pois não há uma fórmula fechada para calcular a TIR diretamente.
- **Importância na Tomada de Decisão**: A TIR é usada para comparar a rentabilidade de diferentes projetos de investimento. Um projeto é geralmente aceito se sua TIR for maior do que a taxa mínima de atratividade (TMA) ou o custo de capital.

Aplicação Prática da TIR

Continuando com o exemplo anterior, vamos determinar a TIR do projeto de investimento.

1. **Configurar a Equação do VPL**:

$$0 = \frac{30.000}{(1+TIR)^1} + \frac{30.000}{(1+TIR)^2} + \frac{30.000}{(1+TIR)^3} + \frac{30.000}{(1+TIR)^4} + \frac{30.000}{(1+TIR)^5} - 100.000$$

2. **Calcular a TIR**:

   Usando uma calculadora financeira ou software, encontramos que a TIR é aproximadamente 15,24%.

Como a TIR (15,24%) é maior do que a taxa de desconto usada (10%), o projeto é considerado atraente e viável.

Comparação entre VPL e TIR

Ambas as métricas, VPL e TIR, são amplamente utilizadas na avaliação de investimentos, mas cada uma tem suas vantagens e limitações.

Vantagens do VPL

- **Medida Absoluta de Valor**: O VPL fornece uma medida absoluta do valor que um projeto adiciona à empresa, permitindo comparações diretas entre diferentes projetos.
- **Considera o Custo de Capital**: O VPL leva em conta o custo de capital, garantindo que os projetos aceitos gerem retorno superior ao custo do financiamento.

Vantagens da TIR

- **Fácil Interpretação**: A TIR é expressa como uma taxa de retorno percentual, o que a torna fácil de interpretar e comparar com outras taxas de retorno.
- **Independente do Custo de Capital**: A TIR não requer uma taxa de desconto externa, pois é calculada internamente com base nos fluxos de caixa do projeto.

Limitações do VPL e TIR

- **VPL**: Pode ser menos intuitivo para interpretar, especialmente quando comparado a diferentes projetos com diferentes tamanhos de investimento.
- **TIR**: Pode fornecer múltiplas taxas de retorno para projetos com fluxos de caixa não convencionais (mudanças de sinal), tornando a interpretação complexa.

Aplicações Práticas e Considerações

A aplicação de VPL e TIR é comum em uma variedade de contextos de investimento, desde a avaliação de projetos de capital até a análise de aquisições e fusões.

Exemplo Prático: Avaliação de Projeto de Expansão

Uma empresa de manufatura está considerando expandir sua linha de produção com um investimento inicial de R$ 500.000. Os fluxos de caixa esperados são R$ 150.000 por ano durante cinco anos. A taxa de desconto é de 12%.

1. **Calcular o VPL**:
    - Fluxos de Caixa Descontados:
        - Ano 1: $150.000 / (1 + 0,12)^1$ = R$ 133.929
        - Ano 2: $150.000 / (1 + 0,12)^2$ = R$ 119.554
        - Ano 3: $150.000 / (1 + 0,12)^3$ = R$ 106.763
        - Ano 4: $150.000 / (1 + 0,12)^4$ = R$ 95.336
        - Ano 5: $150.000 / (1 + 0,12)^5$ = R$ 85.115

    VPL = R$ 133.929 + R$ 119.554 + R$ 106.763 + R$ 95.336 + R$ 85.115 - R$ 500.000 = R$ 40.697

2. **Calcular a TIR:**

Usando software financeiro, a TIR é aproximadamente 14,87%.

Neste exemplo, o VPL positivo e a TIR superior à taxa de desconto indicam que o projeto de expansão é viável e deve ser considerado.

Desafios na Aplicação de VPL e TIR

A aplicação de VPL e TIR apresenta desafios que os analistas devem estar preparados para enfrentar.

- **Estimativa de Fluxos de Caixa**: A precisão das estimativas de fluxos de caixa futuros é crucial para a validade das análises de VPL e TIR.
- **Escolha da Taxa de Desconto**: A escolha da taxa de desconto pode impactar significativamente os resultados do VPL, exigindo uma análise cuidadosa do custo de capital.
- **Fluxos de Caixa Não Convencionais**: Projetos com fluxos de caixa não convencionais podem resultar em múltiplas TIRs, complicando a interpretação.

Soluções para Desafios

Para superar os desafios associados à aplicação de VPL e TIR, os analistas podem adotar várias estratégias eficazes:

- **Uso de Cenários e Sensibilidades**: Realizar análises de sensibilidade e simulações de cenários para avaliar o impacto de diferentes suposições nos resultados do VPL e TIR.
- **Consultoria Especializada**: Trabalhar com consultores financeiros ou economistas para garantir que as suposições subjacentes sejam razoáveis e bem fundamentadas.
- **Educação Contínua**: Participar de cursos e workshops sobre técnicas de avaliação de investimentos pode ajudar os analistas a aprimorar suas habilidades e a se manterem atualizados sobre as melhores práticas.

Conclusão

A avaliação de investimentos usando VPL e TIR é uma prática essencial na gestão financeira, permitindo que empresas e investidores tomem decisões informadas sobre onde alocar seus recursos. Ao aplicar metodologias rigorosas e utilizar ferramentas tecnológicas avançadas, os analistas podem garantir que suas avaliações sejam precisas e juridicamente válidas. A educação contínua e a colaboração com especialistas são fundamentais para o sucesso na avaliação de investimentos, capacitando os analistas a oferecer análises confiáveis e juridicamente embasadas.

Capítulo 8: Análise de Investimentos e Avaliação Econômica

Este subcapítulo fornece uma visão abrangente dos métodos e ferramentas utilizados na análise de investimentos, destacando a importância da análise precisa e juridicamente embasada do Payback e Índice de Lucratividade.

8.2: Análise de Investimentos: Payback e Índice de Lucratividade

A análise de investimentos é uma ferramenta essencial para empresas e investidores avaliarem a viabilidade e a rentabilidade de projetos. Além do Valor Presente Líquido (VPL) e da Taxa Interna de Retorno (TIR), discutidos anteriormente, o Payback e o Índice de Lucratividade são métricas adicionais que oferecem perspectivas valiosas sobre a recuperação do investimento e a eficiência de geração de valor. Este subcapítulo explora essas duas ferramentas, destacando suas aplicações práticas e limitações, e fornecendo exemplos detalhados para ilustrar seu uso.

Compreendendo o Payback

O Payback é uma métrica simples e intuitiva que mede o tempo necessário para recuperar o investimento inicial de um projeto. É amplamente utilizado devido à sua facilidade de cálculo e compreensão, especialmente em contextos onde a liquidez é uma preocupação principal.

Conceito e Importância

- **Definição de Payback**: O Payback é o período de tempo necessário para que os fluxos de caixa acumulados de um investimento igualem o valor do investimento inicial.
- **Importância na Tomada de Decisão**: O Payback é particularmente útil em ambientes onde a liquidez é crítica, pois fornece uma medida

clara de quanto tempo levará para que o capital investido seja recuperado.
- **Facilidade de Comunicação**: Devido à sua simplicidade, o Payback é uma ferramenta eficaz para comunicar rapidamente a viabilidade de um projeto a partes interessadas que podem não estar familiarizadas com conceitos financeiros mais complexos.

Cálculo do Payback

O cálculo do Payback pode ser feito de duas formas principais: o Payback Simples e o Payback Descontado.

Payback Simples

O Payback Simples não considera o valor do dinheiro no tempo, calculando apenas o tempo necessário para que os fluxos de caixa igualem o investimento inicial.

- **Fórmula Básica**: Somar os fluxos de caixa anuais até que o valor acumulado iguale o investimento inicial.
- **Exemplo Prático**: Considere um investimento inicial de R$ 100.000 com fluxos de caixa anuais de R$ 25.000. O Payback Simples é calculado como:
  - Ano 1: R$ 25.000
  - Ano 2: R$ 50.000
  - Ano 3: R$ 75.000
  - Ano 4: R$ 100.000

  Neste exemplo, o Payback é de 4 anos.

Payback Descontado

O Payback Descontado considera o valor do dinheiro no tempo, ajustando os fluxos de caixa futuros para seu valor presente.

- **Fórmula de Cálculo**: Descontar cada fluxo de caixa anual pela taxa de desconto antes de somá-los para calcular o tempo necessário para recuperar o investimento inicial.
- **Exemplo Prático**: Usando o mesmo exemplo com uma taxa de desconto de 10%:
    - Ano 1: 25.000 / (1 + 0,10)^1 = R$ 22.727
    - Ano 2: 25.000 / (1 + 0,10)^2 = R$ 20.661
    - Ano 3: 25.000 / (1 + 0,10)^3 = R$ 18.783
    - Ano 4: 25.000 / (1 + 0,10)^4 = R$ 17.075
    - Ano 5: 25.000 / (1 + 0,10)^5 = R$ 15.523

Somando os valores descontados, o Payback Descontado ocorre durante o quarto ano, quando o valor acumulado descontado atinge o investimento inicial.

Compreendendo o Índice de Lucratividade

O Índice de Lucratividade (IL) é uma métrica que mede a relação entre o valor presente dos fluxos de caixa futuros de um projeto e o investimento inicial. Ele fornece uma indicação da eficiência com que um projeto gera valor.

Conceito e Importância

- **Definição de Índice de Lucratividade**: O IL é calculado como o valor presente dos fluxos de caixa futuros dividido pelo investimento inicial.
- **Importância na Tomada de Decisão**: O IL é útil para comparar a eficiência de diferentes projetos, especialmente quando os recursos são limitados e é necessário priorizar investimentos.
- **Facilidade de Interpretação**: Um IL superior a 1 indica que o projeto gera mais valor do que o custo do investimento, enquanto um IL inferior a 1 sugere que o projeto não é viável.

Cálculo do Índice de Lucratividade

O cálculo do IL envolve a determinação do valor presente dos fluxos de caixa futuros e a comparação com o investimento inicial.

- **Fórmula Básica**:

$$IL = \frac{\sum \frac{FC_t}{(1+r)^t}}{I_0}$$

Onde:

FCt é o fluxo de caixa no período (t)

r é a taxa de desconto.

Io é o investimento inicial.

- **Exemplo Prático**: Considere um investimento inicial de R$ 200.000 com fluxos de caixa anuais de R$ 60.000 por cinco anos e uma taxa de desconto de 10%.
    - Valor Presente dos Fluxos de Caixa:
        - Ano 1: 60.000 / (1 + 0,10)^1 = R$ 54.545
        - Ano 2: 60.000 / (1 + 0,10)^2 = R$ 49.587
        - Ano 3: 60.000 / (1 + 0,10)^3 = R$ 45.079
        - Ano 4: 60.000 / (1 + 0,10)^4 = R$ 40.981
        - Ano 5: 60.000 / (1 + 0,10)^5 = R$ 37.255
    - Valor Presente Total: R$ 54.545 + R$ 49.587 + R$ 45.079 + R$ 40.981 + R$ 37.255 = R$ 227.447
    - Índice de Lucratividade:

    IL = R$ 227.447 / R$ 200.000 = 1,14

Neste exemplo, o IL de 1,14 indica que o projeto gera 14% mais valor do que o custo do investimento inicial, tornando-o atraente.

Comparação entre Payback e Índice de Lucratividade

Embora o Payback e o Índice de Lucratividade sejam ferramentas úteis na análise de investimentos, cada uma tem suas vantagens e limitações.

Vantagens do Payback

- **Simplicidade**: O Payback é fácil de calcular e comunicar, tornando-o acessível para uma ampla gama de partes interessadas.
- **Foco na Liquidez**: Útil para empresas que precisam recuperar rapidamente seus investimentos devido a restrições de liquidez.

Vantagens do Índice de Lucratividade

- **Eficiência de Valor**: O IL fornece uma medida clara da eficiência com que um projeto gera valor, permitindo comparações diretas entre diferentes projetos.
- **Consideração do Valor do Dinheiro no Tempo**: Ao contrário do Payback Simples, o IL considera o valor do dinheiro no tempo, proporcionando uma visão mais precisa da viabilidade do projeto.

Limitações do Payback e Índice de Lucratividade

- **Payback**: Não considera o valor do dinheiro no tempo (exceto na versão descontada) e ignora fluxos de caixa além do período de recuperação.
- **Índice de Lucratividade**: Pode ser menos intuitivo para algumas partes interessadas, especialmente em comparação com métricas de retorno percentual como a TIR.

Aplicações Práticas e Considerações

A aplicação de Payback e Índice de Lucratividade é comum em uma variedade de contextos de investimento, desde a avaliação de projetos de capital até a análise de aquisições e fusões.

Exemplo Prático: Avaliação de Projeto de Tecnologia

Uma empresa de tecnologia está considerando investir em uma nova plataforma de software com um investimento inicial de R$ 500.000. Os fluxos de caixa esperados são R$ 150.000 por ano durante cinco anos. A taxa de desconto é de 12%.

1. **Calcular o Payback**:

- Fluxos de Caixa Acumulados:
        - Ano 1: R$ 150.000
        - Ano 2: R$ 300.000
        - Ano 3: R$ 450.000
        - Ano 4: R$ 600.000
    - Payback Simples: 4 anos (o investimento é recuperado no quarto ano).
2. **Calcular o Índice de Lucratividade**:
    - Valor Presente dos Fluxos de Caixa:
        - Ano 1: $150.000 / (1 + 0,12)^1$ = R$ 133.929
        - Ano 2: $150.000 / (1 + 0,12)^2$ = R$ 119.554
        - Ano 3: $150.000 / (1 + 0,12)^3$ = R$ 106.763
        - Ano 4: $150.000 / (1 + 0,12)^4$ = R$ 95.336
        - Ano 5: $150.000 / (1 + 0,12)^5$ = R$ 85.115
    - Valor Presente Total: R$ 133.929 + R$ 119.554 + R$ 106.763 + R$ 95.336 + R$ 85.115 = R$ 540.697
    - Índice de Lucratividade:

    IL = R$ 540.697 / R$ 500.000 = 1,08

Neste exemplo, o Payback de 4 anos e o IL de 1,08 indicam que o projeto é viável, com recuperação do investimento em um período razoável e geração de valor adicional.

Desafios na Aplicação de Payback e Índice de Lucratividade

A aplicação de Payback e Índice de Lucratividade apresenta desafios que os analistas devem estar preparados para enfrentar.

- **Estimativa de Fluxos de Caixa**: A precisão das estimativas de fluxos de caixa futuros é crucial para a validade das análises de Payback e IL.
- **Consideração do Valor do Dinheiro no Tempo**: O Payback Simples não considera o valor do dinheiro no tempo, o que pode levar a decisões subótimas.

- **Comparação de Projetos de Diferentes Escalas**: O IL pode ser influenciado pelo tamanho do projeto, exigindo cuidado ao comparar projetos de diferentes escalas.

Soluções para Desafios

Para superar os desafios associados à aplicação de Payback e Índice de Lucratividade, os analistas podem adotar várias estratégias eficazes:

- **Uso de Cenários e Sensibilidades**: Realizar análises de sensibilidade e simulações de cenários para avaliar o impacto de diferentes suposições nos resultados do Payback e IL.
- **Consultoria Especializada**: Trabalhar com consultores financeiros ou economistas para garantir que as suposições subjacentes sejam razoáveis e bem fundamentadas.
- **Educação Contínua**: Participar de cursos e workshops sobre técnicas de avaliação de investimentos pode ajudar os analistas a aprimorar suas habilidades e a se manterem atualizados sobre as melhores práticas.

Conclusão

A análise de investimentos usando Payback e Índice de Lucratividade é uma prática essencial na gestão financeira, permitindo que empresas e investidores tomem decisões informadas sobre onde alocar seus recursos. Ao aplicar metodologias rigorosas e utilizar ferramentas tecnológicas avançadas, os analistas podem garantir que suas avaliações sejam precisas e juridicamente válidas. A educação contínua e a colaboração com especialistas são fundamentais para o sucesso na análise de investimentos, capacitando os analistas a oferecer análises confiáveis e juridicamente embasadas.

Capítulo 8: Análise de Investimentos e Avaliação Econômica

Este subcapítulo fornece uma visão abrangente dos métodos e ferramentas utilizados na análise de risco e retorno, destacando a importância da análise precisa e juridicamente embasada.

8.3: Análise de Risco e Retorno em Investimentos

A análise de risco e retorno é um componente essencial da avaliação de investimentos, permitindo que investidores e gestores compreendam a relação entre o potencial de ganho e a probabilidade de perdas associadas a diferentes oportunidades de investimento. Este subcapítulo explora as metodologias e ferramentas utilizadas para avaliar o risco e o retorno de investimentos, destacando a importância de uma análise detalhada para a tomada de decisões informadas.

Compreendendo Risco e Retorno

No contexto de investimentos, o retorno é a recompensa esperada pelo investidor pelo capital investido, enquanto o risco é a incerteza associada a esse retorno. A relação entre risco e retorno é fundamental na teoria financeira, com a expectativa de que retornos mais altos estejam associados a níveis mais altos de risco.

Conceito de Retorno

- **Retorno Absoluto**: Refere-se ao ganho ou perda total de um investimento em termos monetários. Pode ser expresso em termos absolutos ou como uma porcentagem do investimento inicial.
- **Retorno Relativo**: Comparação do retorno de um investimento em relação a um benchmark ou índice de referência, como o índice S&P 500 ou o Ibovespa.

Conceito de Risco

- **Risco Sistemático**: Também conhecido como risco de mercado, é o risco inerente a todo o mercado ou segmento de mercado. Não pode ser eliminado pela diversificação.
- **Risco Não Sistemático**: Também conhecido como risco específico, é o risco associado a um investimento individual. Pode ser mitigado por meio da diversificação.

Metodologias para Avaliação de Risco e Retorno

A avaliação de risco e retorno envolve o uso de várias metodologias e ferramentas analíticas para quantificar e gerenciar o risco associado a diferentes investimentos.

1. Medidas de Retorno

As medidas de retorno são utilizadas para avaliar o desempenho de um investimento ao longo do tempo. As métricas comuns incluem:

- **Retorno Médio**: A média dos retornos em um período de tempo específico. Calculado somando os retornos individuais e dividindo pelo número de períodos.
- **Retorno Geométrico**: Considera o efeito da capitalização dos retornos ao longo do tempo, proporcionando uma medida mais precisa do crescimento composto.
- **Retorno Ajustado ao Risco**: Considera o retorno em relação ao risco assumido, usando métricas como o índice de Sharpe.

2. Medidas de Risco

As medidas de risco ajudam a quantificar a incerteza associada a um investimento. As métricas comuns incluem:

- **Volatilidade**: Medida da dispersão dos retornos de um investimento. Investimentos com alta volatilidade são considerados mais arriscados.

- **Desvio Padrão**: Mede a variação dos retornos em relação à média. Um desvio padrão mais alto indica maior incerteza.
- **Beta**: Mede a sensibilidade de um investimento em relação aos movimentos do mercado. Um beta maior que 1 indica que o investimento é mais volátil que o mercado.

3. Análise de Cenários

A análise de cenários envolve a avaliação de como diferentes condições de mercado podem impactar o desempenho de um investimento. Isso ajuda a identificar riscos potenciais e a preparar estratégias de mitigação.

- **Cenário Base**: Suposições mais prováveis sobre o desempenho futuro do investimento.
- **Cenário Otimista**: Suposições sobre condições de mercado favoráveis, resultando em retornos mais altos.
- **Cenário Pessimista**: Suposições sobre condições de mercado adversas, resultando em retornos mais baixos.

4. Análise de Sensibilidade

A análise de sensibilidade examina como mudanças em variáveis-chave (como taxas de juros, preços de commodities ou taxas de câmbio) afetam o retorno de um investimento. Isso ajuda a identificar as variáveis que têm maior impacto no desempenho do investimento.

Ferramentas para Análise de Risco e Retorno

Várias ferramentas estão disponíveis para auxiliar na análise de risco e retorno, permitindo uma avaliação mais precisa e eficiente.

1. Software de Análise Financeira

Software especializado pode ser usado para realizar análises complexas de risco e retorno, incluindo simulações de Monte Carlo e modelos de otimização de portfólio.

- **Planilhas Eletrônicas**: Programas como Microsoft Excel permitem a criação de modelos personalizados de análise de risco e retorno, com funções integradas para cálculos estatísticos.
- **Software de Modelagem Financeira**: Softwares como o MATLAB ou o R oferecem funcionalidades avançadas para análise estatística e modelagem financeira.

2. Bases de Dados Financeiras

Acesso a bases de dados financeiras confiáveis é crucial para garantir que as análises sejam baseadas em dados precisos e atualizados.

- **Serviços de Dados Financeiros**: Empresas como Bloomberg e Reuters fornecem dados financeiros abrangentes, incluindo preços de ativos, taxas de juros e indicadores econômicos.
- **Índices de Mercado**: Dados de índices de mercado como o S&P 500 ou o Ibovespa são frequentemente usados como benchmarks para avaliar o desempenho relativo.

3. Consultoria de Especialistas

Trabalhar com especialistas pode enriquecer a análise de risco e retorno, proporcionando uma visão multidisciplinar.

- **Consultoria Financeira**: Consultores financeiros podem ajudar a interpretar dados complexos e a desenvolver estratégias de investimento personalizadas.
- **Consultoria Econômica**: Economistas podem fornecer insights sobre tendências macroeconômicas e riscos sistêmicos que podem impactar os investimentos.

Exemplos de Aplicação Prática

Para ilustrar a aplicação prática das metodologias e ferramentas de análise de risco e retorno, consideramos dois exemplos que destacam a importância dessa análise.

Exemplo 1: Avaliação de Risco em Portfólio de Ações

Um gestor de portfólio está avaliando o risco associado a um portfólio de ações composto por 10 empresas de diferentes setores. O gestor utiliza a volatilidade e o beta de cada ação para calcular o risco total do portfólio e determinar a alocação ideal de ativos. A análise de sensibilidade é realizada para avaliar o impacto de diferentes cenários econômicos nos retornos do portfólio, ajudando o gestor a desenvolver estratégias de mitigação de risco.

Exemplo 2: Análise de Retorno de Investimento Imobiliário

Um investidor imobiliário está considerando a compra de um prédio comercial. O investidor utiliza o retorno médio e o retorno ajustado ao risco para avaliar o desempenho potencial do investimento. A análise de cenários é realizada para considerar diferentes condições de mercado, como variações nas taxas de ocupação e nos preços de aluguel. O investidor também consulta especialistas em mercado imobiliário para obter uma visão mais abrangente dos riscos e oportunidades.

Desafios na Análise de Risco e Retorno

A análise de risco e retorno apresenta uma série de desafios que os analistas devem estar preparados para enfrentar.

- **Estimativa de Variáveis Futuras**: A precisão das estimativas de variáveis futuras é crucial para a validade das análises de risco e retorno.
- **Interpretação de Dados Complexos**: A interpretação correta de dados complexos é essencial para garantir que as análises sejam precisas e acionáveis.
- **Gestão de Risco Sistêmico**: A gestão de riscos sistêmicos, que afetam todo o mercado, pode ser desafiadora devido à sua natureza imprevisível.

Soluções para Desafios

Para superar os desafios associados à análise de risco e retorno, os analistas podem adotar várias estratégias eficazes:

- **Educação Contínua**: Participar de cursos e workshops sobre técnicas de análise de risco e retorno pode ajudar os analistas a aprimorar suas habilidades e a se manterem atualizados sobre as melhores práticas.
- **Uso de Tecnologia**: Adotar tecnologias avançadas, como software de análise financeira e ferramentas de visualização de dados, pode ajudar a gerenciar grandes volumes de dados e realizar análises complexas de forma mais eficiente.
- **Consultoria Especializada**: Trabalhar com consultores financeiros ou economistas pode ajudar a garantir que as análises sejam precisas e juridicamente embasadas.

Conclusão

A análise de risco e retorno é uma prática essencial na avaliação de investimentos, permitindo que investidores e gestores tomem decisões informadas sobre onde alocar seus recursos. Ao aplicar metodologias rigorosas e utilizar ferramentas tecnológicas avançadas, os analistas podem garantir que suas análises sejam precisas e juridicamente válidas. A educação contínua e a colaboração com especialistas são fundamentais para o sucesso na análise de risco e retorno, capacitando os analistas a oferecer análises confiáveis e juridicamente embasadas.

Capítulo 9: Atualizações e Futuro da Perícia Financeira

Este subcapítulo oferece uma visão abrangente do impacto das novas tecnologias na perícia financeira, destacando tanto as oportunidades quanto os desafios que elas apresentam.

9.1: Impacto das Novas Tecnologias

A evolução tecnológica está transformando todos os aspectos da vida moderna, e a perícia financeira não é exceção. Ferramentas digitais, inteligência artificial e big data estão remodelando a forma como os peritos financeiros conduzem suas análises e apresentam suas conclusões. Este subcapítulo explora o impacto dessas tecnologias emergentes na perícia financeira, destacando tanto as oportunidades quanto os desafios que elas apresentam.

Inteligência Artificial e Big Data

A inteligência artificial (IA) e o big data estão revolucionando a coleta, análise e interpretação de dados financeiros. Essas tecnologias oferecem capacidades sem precedentes para processar grandes volumes de dados com rapidez e precisão, permitindo insights mais profundos e decisões mais informadas.

Aplicações da Inteligência Artificial

- **Automação de Processos**: A IA pode automatizar tarefas repetitivas e demoradas, como a coleta de dados e a geração de relatórios, liberando tempo para que os peritos se concentrem em análises mais complexas.
- **Análise Preditiva**: Algoritmos de IA podem analisar padrões em grandes conjuntos de dados para prever tendências futuras, ajudando os peritos a antecipar riscos e oportunidades.
- **Detecção de Fraudes**: A IA é altamente eficaz na detecção de atividades fraudulentas, identificando anomalias em transações financeiras que podem passar despercebidas por métodos tradicionais.

Impacto do Big Data

- **Volume e Variedade de Dados**: O big data permite que os peritos acessem uma quantidade enorme de dados provenientes de diversas fontes, incluindo redes sociais, transações financeiras e registros públicos.
- **Velocidade de Processamento**: Com o big data, os peritos podem analisar dados em tempo real, permitindo respostas rápidas a mudanças no mercado ou novas descobertas em uma investigação financeira.
- **Veracidade e Valor**: O big data ajuda a garantir que as análises sejam baseadas em dados precisos e relevantes, aumentando a confiabilidade dos resultados.

Ferramentas Digitais e Automação

A digitalização e a automação estão transformando a maneira como os peritos financeiros trabalham, desde a coleta de dados até a apresentação de resultados.

Ferramentas Digitais

- **Software de Análise Financeira**: Ferramentas como o Excel, MATLAB e R oferecem funcionalidades avançadas para análise de dados, permitindo que os peritos realizem cálculos complexos e visualizem dados de maneira eficaz.
- **Plataformas de Colaboração**: Ferramentas como o Microsoft Teams e o Slack facilitam a comunicação e a colaboração entre equipes de perícia, permitindo que os membros compartilhem informações e trabalhem juntos em tempo real, independentemente de sua localização.
- **Sistemas de Gestão de Dados**: Plataformas de gerenciamento de dados ajudam a organizar e armazenar grandes volumes de informações, garantindo que os dados estejam acessíveis e seguros.

Automação de Processos

- **Robotic Process Automation (RPA)**: A RPA pode automatizar tarefas administrativas, como a entrada de dados e a reconciliação de contas, reduzindo erros humanos e aumentando a eficiência.

- **Automação de Relatórios**: Ferramentas automatizadas podem gerar relatórios financeiros detalhados com base em dados atualizados, garantindo que as partes interessadas tenham acesso a informações precisas e oportunas.
- **Integração de Sistemas**: A automação permite a integração de diferentes sistemas financeiros, facilitando o fluxo de informações e a análise de dados em toda a organização.

Oportunidades e Desafios

As novas tecnologias oferecem inúmeras oportunidades para melhorar a precisão e a eficiência da perícia financeira, mas também apresentam desafios que devem ser enfrentados.

Oportunidades

- **Melhoria da Precisão**: As ferramentas tecnológicas permitem análises mais precisas e detalhadas, reduzindo o risco de erros e aumentando a confiança nos resultados.
- **Eficiência Operacional**: A automação de tarefas rotineiras libera tempo para que os peritos se concentrem em análises estratégicas e na resolução de problemas complexos.
- **Inovação e Criatividade**: Com o suporte de tecnologias avançadas, os peritos podem explorar novas abordagens e metodologias, impulsionando a inovação no campo da perícia financeira.

Desafios

- **Segurança de Dados**: A crescente dependência de tecnologias digitais aumenta o risco de violações de segurança e perda de dados, exigindo medidas robustas de proteção de dados.
- **Adaptação às Novas Tecnologias**: Os peritos devem se manter atualizados sobre as últimas inovações tecnológicas e adquirir novas habilidades para utilizar essas ferramentas de forma eficaz.

- **Ética e Confiabilidade**: O uso de IA e big data levanta questões éticas sobre a privacidade dos dados e a transparência das análises, exigindo que os peritos mantenham altos padrões de ética profissional.

Casos de Uso e Exemplos Práticos

Para ilustrar o impacto das novas tecnologias na perícia financeira, consideramos alguns casos de uso que destacam como essas ferramentas estão sendo aplicadas na prática.

Caso de Uso 1: Detecção de Fraudes com IA

Uma grande instituição financeira implementou um sistema de IA para monitorar transações em tempo real e detectar atividades suspeitas. O sistema utiliza algoritmos de aprendizado de máquina para identificar padrões de comportamento que indicam fraude, permitindo que a equipe de compliance intervenha rapidamente para investigar e mitigar riscos.

Caso de Uso 2: Análise Preditiva em Auditorias

Uma empresa de auditoria adotou ferramentas de análise preditiva para avaliar o risco de inadimplência entre seus clientes. Utilizando dados históricos e algoritmos de IA, a empresa consegue prever quais clientes têm maior probabilidade de não cumprir suas obrigações financeiras, permitindo que os auditores concentrem seus esforços em áreas de maior risco.

Caso de Uso 3: Automação de Relatórios Financeiros

Uma firma de contabilidade automatizou seu processo de geração de relatórios financeiros, utilizando RPA para coletar dados de diferentes sistemas e compilar relatórios detalhados. Isso não apenas reduziu o tempo necessário para preparar relatórios, mas também melhorou a precisão e a consistência das informações apresentadas aos clientes.

Preparando-se para o Futuro

À medida que as tecnologias continuam a evoluir, os peritos financeiros devem se preparar para integrar essas ferramentas em suas práticas diárias de forma eficaz.

Desenvolvimento de Habilidades

- **Educação e Treinamento**: Participar de cursos e workshops sobre novas tecnologias e suas aplicações na perícia financeira pode ajudar os peritos a se manterem atualizados e a desenvolver novas competências.
- **Certificações Profissionais**: Obter certificações em áreas como análise de dados, inteligência artificial e segurança cibernética pode aumentar a credibilidade e a expertise dos peritos.

Adaptação Organizacional

- **Investimento em Tecnologia**: As organizações devem investir em infraestrutura tecnológica e ferramentas que suportem a automação e a análise avançada de dados.
- **Cultura de Inovação**: Fomentar uma cultura de inovação dentro da organização pode encorajar os peritos a explorar novas abordagens e a adotar tecnologias emergentes.
- **Parcerias Estratégicas**: Colaborar com fornecedores de tecnologia e outras partes interessadas pode ajudar as organizações a acessar as últimas inovações e a implementar soluções eficazes.

Conclusão

O impacto das novas tecnologias na perícia financeira é profundo e abrangente, oferecendo oportunidades significativas para melhorar a precisão, a eficiência e a inovação. No entanto, também apresenta desafios que exigem uma abordagem proativa e adaptativa. Ao adotar uma mentalidade de aprendizado contínuo e ao investir em tecnologia e desenvolvimento de habilidades, os peritos financeiros podem se posicionar para prosperar em um ambiente em rápida evolução. A chave para o sucesso será equilibrar o uso de tecnologias avançadas com a manutenção de altos padrões de ética e confiabilidade, garantindo que as análises financeiras continuem a servir como uma base sólida para a tomada de decisões informadas.

Capítulo 9: Atualizações e Futuro da Perícia Financeira

Este subcapítulo oferece uma visão abrangente das tendências legislativas que impactam a perícia financeira, destacando a importância da preparação e adaptação contínuas.

9.2: Tendências Legislativas

O ambiente legislativo está em constante evolução, e as mudanças nas leis e regulamentos podem ter um impacto significativo na prática da perícia financeira. Este subcapítulo explora as tendências legislativas emergentes que afetam a perícia financeira, destacando novas leis em discussão e oferecendo orientações sobre como os peritos podem se preparar para essas mudanças futuras.

Novas Leis e Regulamentos em Discussão

Nos últimos anos, várias propostas legislativas têm sido discutidas em nível nacional e internacional, com o potencial de impactar significativamente o campo da perícia financeira. Essas propostas refletem a crescente complexidade do ambiente econômico e a necessidade de uma maior transparência e responsabilidade financeira.

1. Regulações de Proteção de Dados

Com o aumento do uso de tecnologias digitais e big data, a proteção de dados tornou-se uma prioridade legislativa em muitos países. Regulamentos como o Regulamento Geral sobre a Proteção de Dados (GDPR) na União Europeia e a Lei Geral de Proteção de Dados (LGPD) no Brasil estabelecem diretrizes rigorosas para a coleta, armazenamento e uso de dados pessoais.

- **Impacto na Perícia Financeira**: Os peritos financeiros devem garantir que suas práticas de coleta e análise de dados estejam em

conformidade com as leis de proteção de dados, protegendo a privacidade dos indivíduos e garantindo a segurança das informações.
- **Medidas de Conformidade**: Implementar políticas de privacidade robustas, realizar auditorias regulares de segurança de dados e treinar a equipe em práticas de proteção de dados são essenciais para garantir a conformidade.

2. Transparência e Responsabilidade Financeira

A transparência financeira é uma questão central em muitas discussões legislativas, com o objetivo de aumentar a responsabilidade das instituições financeiras e proteger os investidores.

- **Relatórios Financeiros Mais Rigorosos**: Novas regulamentações podem exigir que as empresas divulguem informações financeiras mais detalhadas e precisas, aumentando a transparência para investidores e partes interessadas.
- **Padrões de Auditoria**: A implementação de padrões de auditoria mais rigorosos pode exigir que os peritos financeiros adotem práticas de auditoria mais detalhadas e abrangentes, garantindo a precisão e a integridade das informações financeiras.

3. Regulações de Sustentabilidade

Com a crescente preocupação com as questões ambientais e sociais, as regulamentações de sustentabilidade estão ganhando destaque. Essas regulamentações incentivam as empresas a considerar o impacto ambiental e social de suas operações e a adotar práticas mais sustentáveis.

- **Relatórios de Sustentabilidade**: As empresas podem ser obrigadas a incluir informações sobre sustentabilidade em seus relatórios financeiros, destacando suas iniciativas ambientais e sociais.
- **Avaliação de Riscos Ambientais**: Os peritos financeiros podem precisar avaliar os riscos ambientais associados às operações de uma empresa e considerar esses riscos em suas análises financeiras.

4. Criptomoedas e Ativos Digitais

O crescimento das criptomoedas e dos ativos digitais está desafiando as
estruturas regulatórias tradicionais, levando a discussões sobre como regular
esses novos tipos de ativos.

- **Regulação de Criptomoedas**: As leis em discussão podem estabelecer diretrizes para a negociação, armazenamento e tributação de criptomoedas, impactando como os peritos financeiros avaliam e relatam esses ativos.
- **Segurança e Conformidade**: Garantir a segurança e a conformidade das transações de criptomoedas é essencial, exigindo que os peritos financeiros se mantenham atualizados sobre as melhores práticas e regulamentos emergentes.

Como Se Preparar para Mudanças Futuras

Dada a natureza dinâmica do ambiente legislativo, os peritos financeiros devem adotar uma abordagem proativa para se preparar para mudanças futuras. Isso envolve a adaptação contínua às novas leis e regulamentos e o desenvolvimento de habilidades e práticas que garantam a conformidade e a eficácia.

1. Monitoramento Contínuo

Manter-se informado sobre as mudanças legislativas é crucial para garantir que as práticas de perícia financeira estejam em conformidade com as leis mais recentes.

- **Assinaturas de Boletins Legislativos**: Subscrever-se a boletins informativos de associações profissionais e órgãos reguladores pode fornecer atualizações regulares sobre mudanças legislativas relevantes.
- **Participação em Conferências e Seminários**: Participar de conferências e seminários sobre legislação financeira pode ajudar os peritos a entender melhor o impacto das novas leis e a trocar experiências com outros profissionais.

2. Desenvolvimento de Habilidades

À medida que novas regulamentações são implementadas, os peritos financeiros devem desenvolver novas habilidades para garantir a conformidade e a eficácia de suas práticas.

- **Educação Continuada**: Participar de cursos de educação continuada sobre legislação financeira, proteção de dados e sustentabilidade pode ajudar os peritos a se manterem atualizados sobre as melhores práticas.
- **Certificações Profissionais**: Obter certificações em áreas relevantes, como proteção de dados e auditoria financeira, pode aumentar a credibilidade e a expertise dos peritos.

3. Adaptação de Práticas

Adotar práticas que garantam a conformidade com as novas regulamentações é essencial para minimizar riscos e maximizar a eficácia.

- **Revisão de Políticas Internas**: Revisar e atualizar políticas internas para garantir que estejam em conformidade com as novas leis, incluindo políticas de proteção de dados e relatórios financeiros.
- **Implementação de Tecnologias de Conformidade**: Investir em tecnologias que facilitem a conformidade, como software de auditoria e plataformas de gestão de dados, pode aumentar a eficiência e a precisão das operações.

4. Colaboração com Especialistas

Trabalhar com especialistas em legislação e conformidade pode ajudar os peritos financeiros a navegar pelas complexidades das novas regulamentações.

- **Consultoria Jurídica**: Consultar advogados especializados em legislação financeira pode ajudar a interpretar e implementar novas leis de maneira eficaz.
- **Parcerias com Associações Profissionais**: Colaborar com associações profissionais pode fornecer acesso a recursos e suporte para garantir a conformidade com as regulamentações emergentes.

Exemplos de Implementação Prática

Para ilustrar como os peritos financeiros podem se preparar para mudanças legislativas, consideramos alguns exemplos práticos de implementação.

Exemplo 1: Adaptação à LGPD

Uma empresa de auditoria financeira implementou políticas rigorosas de proteção de dados para garantir a conformidade com a LGPD. Isso incluiu a realização de auditorias regulares de segurança de dados, a implementação de treinamentos obrigatórios para funcionários sobre práticas de proteção de dados e a consulta a advogados especializados para interpretar as disposições da LGPD.

Exemplo 2: Relatórios de Sustentabilidade

Uma empresa de consultoria financeira começou a incluir análises de sustentabilidade em seus relatórios financeiros, avaliando o impacto ambiental e social das operações de seus clientes. Isso envolveu o uso de métricas de sustentabilidade reconhecidas e a colaboração com especialistas em sustentabilidade para garantir que as análises fossem precisas e abrangentes.

Exemplo 3: Conformidade com Regulações de Criptomoedas

Uma firma de contabilidade desenvolveu expertise em criptomoedas para ajudar seus clientes a navegar pelas regulamentações emergentes. Isso incluiu a obtenção de certificações em blockchain e criptomoedas, a implementação de sistemas de segurança para proteger transações de criptomoedas e a consulta a reguladores para garantir a conformidade com as leis em evolução.

Conclusão

As tendências legislativas emergentes estão moldando o futuro da perícia financeira, exigindo que os peritos se adaptem a um ambiente regulatório em constante mudança. Ao adotar uma abordagem proativa para monitorar mudanças legislativas, desenvolver novas habilidades e adaptar práticas, os peritos financeiros podem garantir que suas operações permaneçam em conformidade e eficazes. A colaboração com especialistas e o investimento em tecnologias de conformidade serão fundamentais para navegar pelas complexidades das novas regulamentações e aproveitar as oportunidades que elas apresentam.

Capítulo 9: Atualizações e Futuro da Perícia Financeira

Este subcapítulo oferece uma visão abrangente dos desafios e oportunidades emergentes na perícia financeira, destacando recomendações práticas para novos peritos que estão ingressando na profissão.

9.3: O Futuro da Profissão

A profissão de perito financeiro está em constante evolução, impulsionada por mudanças tecnológicas, legislativas e econômicas. Neste cenário dinâmico, surgem novos desafios e oportunidades para os profissionais da área. Este subcapítulo explora as tendências emergentes que moldarão o futuro da perícia financeira, destacando os desafios que os peritos enfrentarão e as oportunidades que poderão aproveitar. Além disso, oferece recomendações para novos peritos que estão ingressando na profissão.

Desafios Emergentes na Perícia Financeira

À medida que o ambiente de negócios e o cenário regulatório se tornam mais complexos, os peritos financeiros enfrentam uma série de desafios que exigem adaptação e resiliência.

1. Complexidade Regulamentar

Com a introdução de novas leis e regulamentos, a conformidade tornou-se mais complexa e demorada. Os peritos precisam se manter atualizados sobre as mudanças legislativas que afetam suas práticas.

- **Desafios de Conformidade**: Garantir que todas as práticas e relatórios estejam em conformidade com as normas mais recentes pode ser desafiador, especialmente em mercados internacionais onde as regulamentações variam significativamente.

- **Necessidade de Conhecimento Especializado**: Os peritos devem desenvolver um conhecimento profundo das regulamentações específicas do setor para fornecer análises precisas e juridicamente válidas.

2. Avanços Tecnológicos

A rápida evolução tecnológica está transformando a maneira como os peritos trabalham, exigindo que eles se adaptem a novas ferramentas e métodos.

- **Integração de Novas Tecnologias**: A adoção de tecnologias como inteligência artificial, big data e automação requer investimento em treinamento e infraestrutura tecnológica.
- **Segurança Cibernética**: Com o aumento da digitalização, a proteção de dados e a segurança cibernética tornaram-se preocupações cruciais, exigindo que os peritos implementem medidas robustas de segurança de dados.

3. Pressões Econômicas

As condições econômicas globais afetam a demanda por serviços de perícia financeira, criando desafios e oportunidades para os profissionais.

- **Volatilidade do Mercado**: Em tempos de incerteza econômica, a volatilidade do mercado pode impactar a precisão das previsões financeiras e aumentar a complexidade das análises.
- **Demanda por Eficiência de Custos**: As empresas estão cada vez mais focadas em reduzir custos, o que pode pressionar os peritos a oferecer serviços mais eficientes e rentáveis.

Oportunidades Emergentes na Perícia Financeira

Apesar dos desafios, o futuro da perícia financeira também oferece inúmeras oportunidades para os profissionais que estão dispostos a inovar e se adaptar.

1. Expansão dos Serviços de Consultoria

À medida que as empresas buscam navegar por ambientes regulatórios complexos e incertos, a demanda por serviços de consultoria financeira está em alta.

- **Consultoria em Conformidade**: Os peritos podem expandir seus serviços para incluir consultoria em conformidade, ajudando as empresas a entender e implementar novas regulamentações.
- **Análise de Sustentabilidade**: Com o aumento do foco em práticas sustentáveis, os peritos têm a oportunidade de oferecer serviços de análise de sustentabilidade, avaliando o impacto ambiental e social das operações empresariais.

2. Inovação Tecnológica

A inovação tecnológica oferece oportunidades para os peritos melhorarem a eficiência e a precisão de suas análises.

- **Automação de Processos**: A automação pode reduzir o tempo e o esforço necessários para tarefas rotineiras, permitindo que os peritos se concentrem em análises estratégicas.
- **Análise Avançada de Dados**: Ferramentas de análise avançada permitem que os peritos extraiam insights mais profundos dos dados, melhorando a qualidade das análises e relatórios.

3. Globalização e Mercados Internacionais

A globalização está criando novas oportunidades para os peritos financeiros expandirem seus serviços para mercados internacionais.

- **Expansão Internacional**: Os peritos podem explorar novos mercados e oferecer serviços a empresas multinacionais que operam em diferentes jurisdições.
- **Diversificação de Serviços**: A diversificação de serviços para incluir análise de risco cambial, avaliação de investimentos internacionais e conformidade regulatória global pode aumentar a competitividade dos peritos no mercado global.

Recomendações para Novos Peritos

Para aqueles que estão ingressando na profissão de perito financeiro, é essencial adotar uma abordagem proativa e adaptativa para enfrentar os desafios e aproveitar as oportunidades do futuro.

1. Investimento em Educação e Desenvolvimento

O aprendizado contínuo é fundamental para o sucesso na perícia financeira.

- **Educação Formal**: Obter uma educação formal em finanças, contabilidade ou economia é uma base sólida para uma carreira em perícia financeira.
- **Certificações Profissionais**: Buscar certificações profissionais, como Certified Financial Analyst (CFA) ou Certified Public Accountant (CPA), pode aumentar a credibilidade e o conhecimento técnico.
- **Cursos de Atualização**: Participar de cursos de atualização sobre novas tecnologias, regulamentações e práticas de mercado pode ajudar a manter-se atualizado em um ambiente em rápida evolução.

2. Desenvolvimento de Habilidades Técnicas e Analíticas

Habilidades técnicas e analíticas são essenciais para realizar análises financeiras precisas e eficazes.

- **Habilidades em Análise de Dados**: Desenvolver habilidades em análise de dados e uso de ferramentas de software, como Excel, R ou Python, é crucial para realizar análises complexas.
- **Conhecimento de Tecnologias Emergentes**: Familiarizar-se com tecnologias emergentes, como inteligência artificial e blockchain, pode oferecer uma vantagem competitiva.

3. Construção de uma Rede Profissional

Construir uma rede de contatos profissionais pode abrir portas para novas oportunidades e parcerias.

- **Participação em Associações Profissionais**: Juntar-se a associações profissionais, como a Associação Brasileira de Peritos (ABP), pode fornecer acesso a recursos, eventos e uma comunidade de profissionais com interesses semelhantes.
- **Networking**: Participar de conferências, workshops e eventos do setor pode ajudar a estabelecer conexões valiosas e a compartilhar conhecimentos com outros profissionais.

4. Adaptação e Resiliência

A capacidade de se adaptar a mudanças e superar desafios é essencial para o sucesso a longo prazo.

- **Mentalidade Adaptativa**: Adotar uma mentalidade aberta e flexível pode ajudar a lidar com mudanças inesperadas e a encontrar soluções criativas para problemas complexos.
- **Resiliência em Tempos de Incerteza**: Desenvolver resiliência emocional e mental pode ajudar a enfrentar pressões e incertezas no ambiente de trabalho.

Conclusão

O futuro da profissão de perito financeiro é promissor, mas também repleto de desafios que exigem adaptação e inovação. À medida que as regulamentações evoluem, as tecnologias avançam e as condições econômicas mudam, os peritos financeiros devem estar preparados para se adaptar a um ambiente em constante transformação. Ao investir em educação, desenvolver habilidades técnicas e analíticas, construir uma rede profissional sólida e adotar uma mentalidade adaptativa, os novos peritos podem se posicionar para prosperar em um futuro dinâmico e repleto de oportunidades. A chave para o sucesso será equilibrar a inovação com a conformidade e a ética, garantindo que as análises financeiras continuem a servir como uma base sólida para a tomada de decisões informadas.

Conclusão

Esta conclusão oferece uma síntese abrangente dos principais temas abordados no livro, além de orientações práticas para a aplicação do conhecimento adquirido.

A conclusão deste livro sobre perícia financeira busca sintetizar os principais aprendizados e oferecer uma visão integrada das práticas, desafios e oportunidades que permeiam essa área essencial do mundo financeiro. Ao longo dos capítulos, exploramos desde os fundamentos até as tendências futuras, fornecendo um guia abrangente para peritos e aspirantes a peritos financeiros.

Resumo dos Pontos-Chave

Ao revisitar os principais temas abordados, podemos consolidar o conhecimento adquirido e destacar a importância de cada aspecto na prática da perícia financeira.

Fundamentos da Perícia Financeira

Iniciamos nossa jornada com uma introdução aos conceitos básicos e ao mercado de perícia judicial. Compreendemos o papel do perito e do assistente técnico, assim como as diferentes áreas de atuação e tipos de perícia. Esses fundamentos são essenciais para qualquer profissional que deseje atuar na área, fornecendo uma base sólida sobre a qual construir conhecimento especializado.

Matemática Financeira Aplicada

A matemática financeira é a espinha dorsal da perícia financeira. Exploramos conceitos como porcentagem, fatores de multiplicação, regimes de capitalização e taxas de juros. Compreender essas ferramentas matemáticas é crucial para realizar cálculos precisos e fundamentar análises financeiras robustas.

Sistemas de Amortização e Análise de Investimentos

Os sistemas de amortização, como a Tabela Price, SAC e SACRE, são fundamentais para a avaliação de contratos de financiamento. Além disso, a análise de investimentos por meio de métricas como VPL, TIR, Payback e Índice de Lucratividade permite que os peritos avaliem a viabilidade e a rentabilidade de projetos, orientando decisões estratégicas.

Perícias Específicas e Liquidação de Sentenças

Discutimos a aplicação da perícia financeira em contextos específicos, como cartões de crédito, contas correntes e leasing. A liquidação de sentenças e a impugnação de cálculos são processos críticos que exigem precisão e conformidade com as normas legais.

Correção Monetária e Juros

A correção monetária e o cálculo de juros, tanto remuneratórios quanto moratórios, são essenciais para garantir que os valores financeiros reflitam o poder de compra atual e as obrigações contratuais. Essas práticas são fundamentais para a justiça e a equidade nas transações financeiras.

Análise de Investimentos e Avaliação Econômica

A análise de risco e retorno, juntamente com a avaliação econômica, fornece uma visão abrangente do potencial de ganho e da incerteza associada a diferentes oportunidades de investimento. Essas análises são cruciais para a tomada de decisões informadas em um ambiente econômico dinâmico.

Atualizações e Futuro da Perícia Financeira

Finalmente, exploramos as tendências emergentes que moldam o futuro da perícia financeira, incluindo o impacto das novas tecnologias, as tendências legislativas e o futuro da profissão. A adaptação a essas mudanças é crucial para o sucesso contínuo dos peritos financeiros.

Próximos Passos para o Leitor

Com o conhecimento adquirido neste livro, os leitores estão equipados para aplicar as práticas e conceitos da perícia financeira em suas carreiras e organizações. Aqui estão algumas diretrizes para ajudar a maximizar o impacto do que foi aprendido.

Aplicação do Conhecimento Adquirido

- **Implementação Prática**: Identifique áreas em sua prática ou organização onde o conhecimento adquirido pode ser aplicado imediatamente. Isso pode incluir a revisão de processos de cálculo, a adoção de novas tecnologias ou a atualização de políticas de conformidade.
- **Desenvolvimento Contínuo**: O aprendizado contínuo é vital em um campo em constante evolução como a perícia financeira. Considere participar de cursos adicionais, workshops e seminários para aprofundar seu conhecimento e habilidades.
- **Colaboração e Rede Profissional**: Construa e mantenha uma rede de contatos profissionais. Compartilhar experiências e aprender com colegas pode enriquecer sua prática e abrir novas oportunidades.

Recursos Adicionais e Leituras Recomendadas

Para continuar sua jornada de aprendizado, aqui estão alguns recursos adicionais e leituras recomendadas que podem complementar o conteúdo deste livro:

- **Livros e Publicações**: Explore livros e artigos acadêmicos sobre finanças, contabilidade e auditoria para aprofundar sua compreensão dos tópicos abordados.
- **Associações Profissionais**: Junte-se a associações profissionais, como a Associação Brasileira de Peritos (ABP) ou o Instituto dos Auditores Independentes do Brasil (Ibracon), para acessar recursos exclusivos e participar de eventos do setor.
- **Plataformas de Aprendizado Online**: Utilize plataformas de aprendizado online, como Coursera, edX ou LinkedIn Learning, para acessar cursos sobre tecnologia financeira, análise de dados e conformidade regulatória.

- **Webinars e Podcasts**: Participe de webinars e ouça podcasts sobre tendências emergentes em finanças e tecnologia para se manter atualizado sobre as últimas inovações e práticas do setor.

Reflexão Final

A perícia financeira desempenha um papel vital na promoção da transparência, responsabilidade e justiça no ambiente financeiro. À medida que o mundo continua a evoluir, os peritos financeiros devem estar preparados para enfrentar novos desafios e aproveitar novas oportunidades. Este livro foi projetado para equipá-lo com o conhecimento e as ferramentas necessárias para navegar com sucesso neste campo dinâmico.

Ao concluir esta leitura, encorajamos você a refletir sobre como pode aplicar o que aprendeu para fazer uma diferença positiva em sua prática profissional e no setor financeiro como um todo. Seja você um perito experiente ou um profissional em início de carreira, a chave para o sucesso está na adaptação contínua, no aprendizado e na colaboração.

Obrigado por acompanhar esta jornada conosco. Desejamos a você sucesso em sua carreira e esperamos que este livro tenha proporcionado insights valiosos e inspiração para o futuro.

Apêndices

Estes apêndices foram desenvolvidos para complementar o conteúdo principal do livro, oferecendo recursos práticos e teóricos que podem ser utilizados para aprofundar o conhecimento e aplicar os conceitos da perícia financeira. Servem, também, como um recurso adicional para aprofundar o entendimento dos conceitos discutidos e fornecer ferramentas práticas para aplicação no campo da perícia financeira. Incluem um glossário de termos técnicos, modelos de documentos e laudos, e referências bibliográficas essenciais.

Glossário de Termos Técnicos

Este glossário reúne definições de termos técnicos utilizados ao longo do livro, facilitando a compreensão dos conceitos fundamentais da perícia financeira.

- **Amortização**: Processo de pagamento gradual de uma dívida por meio de pagamentos periódicos, que podem incluir tanto o principal quanto os juros.
- **Anatocismo**: Prática de capitalização de juros sobre juros já acumulados, frequentemente referida como "juros sobre juros".
- **Big Data**: Conjunto de dados extremamente grandes ou complexos que podem ser analisados computacionalmente para revelar padrões, tendências e associações, especialmente relacionados ao comportamento e interações humanas.
- **Capitalização**: Processo de acumulação de juros sobre um principal ao longo do tempo, que pode ser simples ou composto.
- **Compliance**: Conformidade com leis, regulamentos, normas e diretrizes estabelecidas por órgãos reguladores ou pela própria organização.
- **Desconto**: Redução no valor nominal de um título ou pagamento futuro, calculada com base em uma taxa de desconto.

- **Índice de Lucratividade (IL)**: Razão entre o valor presente dos fluxos de caixa futuros de um projeto e o investimento inicial, indicando a eficiência do projeto em gerar valor.
- **Inteligência Artificial (IA)**: Simulação de processos de inteligência humana por sistemas computacionais, incluindo aprendizado, raciocínio e autocorreção.
- **Juros Moratórios**: Juros cobrados sobre pagamentos atrasados, destinados a compensar o credor pelo atraso.
- **Juros Remuneratórios**: Juros cobrados pelo uso do capital emprestado, refletindo o custo do empréstimo para o mutuário.
- **Perícia Financeira**: Avaliação técnica e especializada de questões financeiras no contexto de litígios, auditorias e outras situações que exigem análise detalhada.
- **Regime de Capitalização**: Método pelo qual os juros são calculados sobre um principal, podendo ser simples ou composto.
- **Taxa Interna de Retorno (TIR)**: Taxa de desconto que faz com que o valor presente dos fluxos de caixa futuros de um projeto seja igual ao investimento inicial, resultando em um VPL de zero.
- **Valor Presente Líquido (VPL)**: Diferença entre o valor presente dos fluxos de caixa futuros de um projeto e o investimento inicial, usado para avaliar a viabilidade de investimentos.

Estrutura de Laudos

Os laudos são ferramentas essenciais que servem como guias estruturados para a elaboração de relatórios e comunicações formais no contexto da perícia financeira. Eles garantem que as informações sejam apresentadas de maneira clara, concisa e consistente, facilitando a compreensão e a tomada de decisões por todas as partes envolvidas.

Modelo de Laudo Pericial

O Laudo Pericial é um documento técnico elaborado por um perito, que fornece uma análise detalhada sobre questões financeiras em disputa. Este modelo é estruturado para assegurar que todas as etapas do processo pericial sejam documentadas de forma abrangente.

- Cabeçalho: Inclui informações básicas como o nome do perito, número do processo e a data de emissão do laudo. Essas informações são cruciais para a identificação e rastreamento do documento dentro do contexto legal.
- Introdução: Apresenta uma descrição clara do escopo da perícia e o objetivo do laudo. Esta seção define o propósito do documento e orienta o leitor sobre o que esperar nas seções subsequentes.
- Metodologia: Detalha as técnicas e ferramentas utilizadas durante a perícia, bem como as fontes de dados e informações. Esta seção é fundamental para garantir a transparência e a replicabilidade da análise pericial.
- Análise: Fornece um detalhamento dos cálculos realizados e a interpretação dos resultados. Aqui, o perito apresenta as evidências e justifica suas conclusões com base nos dados analisados.
- Conclusão: Resume os principais achados do laudo e oferece recomendações, se aplicáveis. Esta seção sintetiza os resultados e sugere possíveis ações a serem tomadas com base nas conclusões.
- Assinatura: Contém o nome e a assinatura do perito, além da data de conclusão do laudo, conferindo autenticidade e responsabilidade ao documento.

Modelo de Relatório de Conformidade

O Relatório de Conformidade é utilizado para avaliar se uma empresa ou processo está em conformidade com normas e regulamentos estabelecidos. Este modelo é essencial para auditorias e avaliações de conformidade.

- Cabeçalho: Inclui o nome da empresa auditada, o nome do auditor responsável e a data do relatório. Essas informações são essenciais para a referência e o arquivamento do documento.
- Objetivo: Descreve o objetivo do relatório de conformidade, esclarecendo o propósito da auditoria e os resultados esperados.
- Escopo: Define as áreas e processos analisados durante a auditoria. Esta seção delimita o alcance do trabalho realizado e as partes da organização que foram avaliadas.
- Metodologia: Explica as técnicas de auditoria utilizadas e os critérios de conformidade aplicados. Esta seção assegura que o processo de auditoria foi conduzido de maneira sistemática e objetiva.
- Resultados: Descreve os achados da auditoria, destacando áreas em conformidade e não conformidade. Esta seção é crucial para identificar pontos fortes e áreas que necessitam de melhorias.
- Recomendações: Oferece sugestões para a correção de não conformidades identificadas. As recomendações são orientações práticas para ajudar a organização a atingir a conformidade total.
- Conclusão: Resume os principais pontos do relatório, reforçando as conclusões e orientações apresentadas.
- Assinatura: Inclui o nome e a assinatura do auditor, juntamente com a data, validando o relatório e a responsabilidade do auditor sobre o conteúdo.

Essas estruturas servem como uma base sólida para a elaboração de documentos consistentes e eficazes, garantindo que todas as informações relevantes sejam comunicadas de forma clara e precisa.

Análise abrangente de Laudo Pericial Financeiro com conformidade legal

OBJETIVO GERAL
Realizar análise técnico-jurídica completa de laudo pericial, assegurando conformidade com legislações pertinentes e normativas vigentes.

DIMENSÕES DE ANÁLISE

1. ANÁLISE PRELIMINAR E CONTEXTUAL
- Identificação completa do processo
- Verificação da competência do perito
- Análise do objeto da perícia
- Confronto entre quesitos propostos e respondidos

QUESITOS ESPECÍFICOS:
1. O perito possui habilitação técnica compatível com o objeto da perícia?
2. Foram respondidos todos os quesitos originalmente propostos?
3. Há correspondência entre o objeto da perícia e as conclusões apresentadas?

2. ANÁLISE METODOLÓGICA
- Avaliação dos métodos e técnicas utilizados
- Verificação da adequação metodológica
- Análise da fundamentação técnico-científica

PONTOS CRÍTICOS:
1. Métodos utilizados são reconhecidos tecnicamente?
2. Existe transparência na descrição metodológica?
3. As fontes e referências estão adequadamente citadas?

3. ANÁLISE DOCUMENTAL E DE DADOS
- Verificação da origem e integridade dos dados
- Análise crítica das fontes de informação
- Avaliação dos critérios de seleção e tratamento de dados

INVESTIGAÇÃO:

1. Qual a origem integral dos dados utilizados?
2. Houve tratamento ou depuração dos dados originais?
3. Existem registros das fontes primárias?

4. ANÁLISE MATEMÁTICO-FINANCEIRA

- Verificação de cálculos
- Análise de memórias de cálculo
- Confronto com normas técnicas e legais

CHECKLIST MATEMÁTICO:

1. Todos os cálculos estão matematicamente corretos?
2. Foram utilizadas taxas e índices oficiais?
3. Há transparência na demonstração dos cálculos?

5. ANÁLISE DE COERÊNCIA E CONSISTÊNCIA

- Verificação da lógica interna do laudo
- Confronto entre premissas e conclusões
- Identificação de possíveis contradições

PONTOS DE ANÁLISE:

1. Existe alinhamento lógico entre premissas e conclusões?
2. As conclusões são suportadas pela análise apresentada?
3. Há fundamentação técnica para cada conclusão?

6. ANÁLISE JURÍDICO-NORMATIVA

- Conformidade com legislações vigentes
- Aderência a normas técnicas
- Observância de precedentes jurisprudenciais

FONTES LEGAIS:

1. Código Civil Brasileiro:

- Verificar atendimento aos comandos dos artigos relevantes, como o Art. 186 (responsabilidade civil), Art. 927 (obrigações de indenizar), e outros conforme aplicáveis.

2. Código de Processo Civil (Lei 13.105/2015):
   - Art. 156 a 158 (Nomeação e Atuação do Perito)
   - Art. 464 a 480 (Prova Pericial)
   - Art. 465 (Procedimentos do Perito)
   - Art. 466 (Cumprimento do Encargo)
   - Art. 473 (Conteúdo do Laudo Pericial)
   - Art. 477 (Prazos e Intimações)

3. Manuais de Perícia:
   - Manual de Perícia do Administrador e Manual do Conselho Federal de Contabilidade, conforme necessário.

4. Normas Contábeis e Resoluções do CFC:
   - Assegurar aderência às práticas recomendadas nas normas da contabilidade.

VERIFICAÇÃO:
1. O laudo respeita normas contábeis e financeiras?
2. Há aderência às determinações judiciais?
3. As conclusões estão alinhadas com jurisprudência pertinente?

7. ANÁLISE DE LIMITAÇÕES E RESSALVAS
- Identificação de possíveis restrições metodológicas
- Análise de dados ou informações não disponíveis
- Avaliação de impactos dessas limitações

INVESTIGAÇÃO:
1. Foram declaradas limitações metodológicas?
2. Como essas limitações impactam as conclusões?
3. Foram propostas alternativas ou complementações?

8. ANÁLISE CRÍTICA FINAL
- Síntese das principais observações
- Identificação de pontos fortes e fracos

- Recomendações de esclarecimentos ou complementações

CONCLUSÃO TÉCNICA:

1. O laudo atende plenamente ao objeto da perícia?
2. Existem aspectos que necessitam esclarecimento?
3. Qual a solidez técnica das conclusões apresentadas?

ENTREGA FINAL
- Relatório detalhado de análise
- Pontuação técnica do laudo
- Recomendações para quesitos complementares

⚠ OBSERVAÇÕES CRÍTICAS:
- Manter absoluta objetividade
- Evitar interpretações subjetivas
- Priorizar análise técnico-científica
- Seja específico, detalhado e realista.

Guia de Perguntas e Respostas para Peritos Financeiros

Quadro de Perguntas e Respostas: Perícia Financeira Judicial e Extrajudicial

(Parte 1)

Nº	Pergunta	Resposta
1	Como proceder quando há impugnação de honorários?	O perito deve se limitar a responder apenas o que estiver dentro da sua área de conhecimento e dentro do objeto da perícia.
2	Como agir quando a ré solicita informações que ela própria deveria possuir, como histórico de negativação do autor?	Responda que os quesitos estão fora da alçada da perícia e dizem respeito a informações que a própria ré deve possuir.
3	Como proceder quando o juiz determina a realização de uma única prova pericial abrangendo todos os contratos?	Baseie-se nos contratos e nas determinações do juízo. Lembre-se que "juros abusivos" é questão de mérito e deve ser julgado pelo juízo, não pelo perito. Calcule a taxa média no período.
4	Como proceder quando a parte autora apresenta dois contratos com datas e taxas de juros diferentes?	Utilize o contrato que foi apresentado pela parte ré, pois esta apresentou apenas o contrato com uma determinada taxa.
5	É correto afirmar que as reformas delineadas nos julgados para o contrato de financiamento imobiliário foram quanto ao afastamento da cobrança de seguro	Considera-se uma questão de mérito, que é matéria jurídica e fora da alçada da perícia financeira.

Nº	Pergunta	Resposta
	prestamista e capitalização diária dos juros?	
6	Qual é o artigo do Código de Processo Civil que traz o percentual de 1% a.m. para empréstimos entre pessoas físicas?	No Código de Processo Civil brasileiro, não há um artigo que trate especificamente do percentual de 1% ao mês para empréstimos entre pessoas físicas. A taxa de juros de 1% ao mês é uma referência que costuma estar relacionada ao Código Civil, mais especificamente ao artigo 591, que estabelece que, nos contratos de mútuo (empréstimo) entre pessoas físicas, a taxa de juros não deve exceder a taxa legal, salvo disposição em contrário. A taxa legal, por sua vez, é frequentemente interpretada como 1% ao mês, mas essa interpretação pode variar conforme decisões judiciais e a legislação vigente. Se houver uma convenção entre as partes ou regulamentação específica que estipule diferente, essa deverá ser observada. É importante verificar também decisões judiciais e a aplicação prática da legislação em casos específicos.
7	Qual a taxa legal que devo considerar para a correção monetária e de juros aplicáveis às relações de direito privado?	Em recente alteração à Lei 14.905/2024, foram introduzidas mudanças nos artigos 398 e 406 do Código Civil brasileiro. Essa lei

Nº	Pergunta	Resposta
		especifica as taxas de correção monetária e de juros aplicáveis às relações de direito privado. De acordo com a atualização: • **Correção Monetária:** Deve seguir o Índice Nacional de Preços ao Consumidor Amplo (IPCA) quando não houver uma convenção entre as partes ou legislação específica. • **Juros de Mora:** Devem ser calculados com base na taxa Selic, subtraindo-se o índice de correção monetária (IPCA) dos juros de mora. A nova legislação fornece um parâmetro mais claro para a aplicação de juros e correção monetária nas relações privadas, substituindo interpretações anteriores, como a taxa de 1% ao mês, que era frequentemente associada a contratos de mútuo.
8	Como proceder quando há divergência entre a taxa nominal e a taxa efetiva informada no contrato?	Considere a taxa informada no contrato como sendo a taxa efetiva. É obrigação da Instituição Financeira informar a taxa efetiva. Calcular uma taxa de juros superior à informada no contrato pode ser impugnado.
9	Após recalcular a parcela mensal e a evolução da dívida,	A compensação de valores (art. 368 e 369 do CC) deve ser feita antes da

Nº	Pergunta	Resposta
	a compensação de valores deve ser feita antes ou depois da atualização monetária?	atualização monetária. A repetição de valores (art. 876 CC) deve ser atualizada monetariamente no momento apropriado.
10	Como proceder com a correção monetária e juros de mora contra a fazenda pública?	Utilize o índice da poupança de forma simples. A remuneração básica é o índice + TR. Aplique a quantidade de meses x a taxa do mês se após a citação, ou a do mês de citação se antes da citação.
11	Como incluir correção monetária quando usar o método de equivalência a juros simples ou método de ajuste a juros simples?	O conceito da correção monetária é o mesmo. Você precisa pegar o valor a ser corrigido monetariamente e aplicar o índice de correção do período desejado. Para lhe auxiliar na correção monetária, você pode utilizar a calculadora do cidadão do BACEN.
12	Como proceder quando o quesito pede para apontar claramente quais são os encargos de moratória?	Reproduza a evolução do financiamento e evidencie as taxas utilizadas conforme solicitação do juízo. Informe a taxa média praticada com base nos dados disponibilizados pelo BACEN.
13	Qual a fórmula aplicada pela ré para calcular os valores mencionados no quesito?	A perícia respondeu tecnicamente informando a fórmula matemática utilizada na Tabela Price. Caso haja diferenças de valores entre os cálculos do perito e do banco, prevalecerá o

Nº	Pergunta	Resposta
		cálculo do perito, que foi conforme o contrato e as determinações judiciais.
14	Como proceder quando o juiz determina o afastamento da capitalização diária dos juros e do anatocismo?	Siga as determinações do juízo e utilize a metodologia adequada para recalcular os valores sem a capitalização diária dos juros e sem o anatocismo.
15	Como agir quando a ré solicita informações que ela própria deveria possuir, como histórico de negativação do autor?	Responda que os quesitos estão fora da alçada da perícia e dizem respeito a informações que a própria ré deve possuir.
16	Como calcular juros compostos em períodos irregulares?	Utilize a fórmula de juros compostos, ajustando o expoente para refletir a fração do período. Por exemplo, para 45 dias em um ano, use $(1+i)^{(45/365)} - 1$, onde i é a taxa anual.
17	Qual a diferença entre taxa nominal e taxa efetiva em um contrato de empréstimo?	A taxa nominal é a taxa anunciada, enquanto a taxa efetiva considera a capitalização dos juros. A taxa efetiva será sempre maior que a nominal quando há capitalização em períodos menores que um ano.
18	Como proceder quando o contrato não especifica o sistema de amortização?	Analise o comportamento das parcelas. Se forem constantes, provavelmente é Tabela Price. Se decrescentes, pode ser SAC. Na

Nº	Pergunta	Resposta
		dúvida, solicite esclarecimento ao juízo ou às partes.
19	Como calcular a taxa interna de retorno (TIR) em um financiamento?	Use a função TIR em planilhas eletrônicas, inserindo o fluxo de caixa do financiamento, começando com o valor financiado como negativo e as parcelas como positivas.
20	O que fazer quando há divergência entre os valores apresentados pelo autor e pelo réu?	Realize os cálculos de forma independente, seguindo as determinações contratuais e legais. Apresente os resultados no laudo, explicando detalhadamente os métodos utilizados.
21	Como lidar com a capitalização de juros em contratos bancários?	Verifique se há previsão contratual e se está de acordo com a legislação vigente. Em caso de capitalização indevida, recalcule utilizando juros simples ou a forma determinada pelo juízo.
22	Como calcular o valor presente de uma dívida futura?	Utilize a fórmula $VP = VF / (1+i)^n$, onde VP é o valor presente, VF é o valor futuro, i é a taxa de juros por período, e n é o número de períodos.
23	O que fazer quando o contrato prevê multa acima do limite legal?	Aplique o limite legal (geralmente 2% para contratos de consumo, artigo 52, parágrafo 1º, do CDC) e informe no laudo a discrepância entre o previsto

Nº	Pergunta	Resposta
		contratualmente e o legalmente permitido.
24	Como calcular juros sobre capital próprio?	Use a Taxa de Juros de Longo Prazo (TJLP) sobre o patrimônio líquido ajustado, observando os limites legais e as deduções aplicáveis.
25	Como proceder na análise de contratos de leasing financeiro?	Verifique se o contrato segue as características de leasing financeiro, analise as taxas aplicadas, e calcule o valor residual garantido (VRG) de acordo com as normas contábeis vigentes.
26	Como calcular o custo efetivo total (CET) de uma operação financeira?	Some todos os encargos e despesas incidentes na operação, como juros, tarifas, impostos e seguros. Converta esse total para uma taxa percentual que represente o custo real da operação para o cliente.
27	O que fazer quando o contrato prevê indexação por moeda estrangeira?	Verifique a legalidade da cláusula de acordo com a legislação vigente. Se permitido, utilize a cotação oficial da moeda nas datas estipuladas no contrato para os cálculos.
28	Como proceder na análise de contratos de alienação fiduciária?	Verifique a regularidade do contrato, analise as taxas aplicadas e o valor do bem dado em garantia. Calcule o saldo devedor considerando as parcelas pagas e o valor de mercado do bem.

Nº	Pergunta	Resposta
29	Como calcular o valor justo de uma empresa em casos de dissolução societária?	Utilize métodos como fluxo de caixa descontado, múltiplos de mercado ou valor patrimonial ajustado. Considere ativos intangíveis e perspectivas futuras do negócio.
30	O que fazer quando há divergência entre a taxa de juros contratada e a praticada?	Compare a taxa efetivamente aplicada com a contratada. Se houver divergência, recalcule utilizando a taxa correta conforme o contrato ou determinação judicial.
31	Como analisar a legalidade de tarifas bancárias cobradas?	Verifique se as tarifas estão de acordo com as resoluções do Banco Central e se foram devidamente informadas ao cliente. Exclua tarifas consideradas abusivas pela jurisprudência.
32	Como calcular danos emergentes e lucros cessantes em uma perícia?	Para danos emergentes, some os prejuízos diretos. Para lucros cessantes, estime os ganhos que deixaram de ser obtidos, baseando-se em dados históricos e projeções realistas.
33	O que fazer quando o contrato prevê correção monetária por índice extinto?	Utilize o índice substituto oficial ou, na ausência deste, solicite ao juízo a determinação do índice a ser aplicado.
34	Como proceder na análise de contratos de *factoring*?	Verifique a taxa de desconto aplicada, analise a legalidade das cláusulas contratuais e calcule o valor efetivamente recebido pelo cedente

Nº	Pergunta	Resposta
		em comparação com o valor nominal dos títulos.
35	Como calcular o valor de uma patente ou marca em uma disputa judicial?	Utilize métodos como fluxo de caixa descontado dos royalties, custo de reposição ou comparação com transações similares no mercado. Considere a vida útil remanescente do ativo intangível.
36	Como analisar a viabilidade econômica de um projeto em disputa judicial?	Utilize técnicas como Valor Presente Líquido (VPL), Taxa Interna de Retorno (TIR) e Payback. Compare os resultados com o custo de capital da empresa e benchmarks do setor.
37	O que fazer quando há alegação de prática de anatocismo em um contrato?	Verifique se há capitalização de juros sobre juros. Se confirmado e não permitido legalmente, recalcule os valores utilizando juros simples ou conforme determinação judicial.
39	Como calcular o valor de uma empresa em processo de recuperação judicial?	Considere o valor de liquidação dos ativos, potencial de geração de caixa futuro e o plano de recuperação proposto. Utilize métodos como fluxo de caixa descontado ajustado ao risco.
40	Como proceder na análise de contratos de derivativos financeiros?	Verifique a adequação do produto ao perfil do cliente, analise a precificação do derivativo e calcule os ganhos ou perdas resultantes da operação.

Nº	Pergunta	Resposta
41	O que fazer quando há divergência entre o saldo devedor informado pelo banco e o calculado pelo perito?	Apresente ambos os cálculos no laudo, detalhando a metodologia utilizada em cada um. Explique as razões das divergências encontradas.
42	Como calcular o valor de um fundo de comércio (*goodwill*) em uma disputa societária?	Utilize métodos como excesso de rentabilidade, fluxo de caixa descontado ou múltiplos de mercado. Considere fatores como marca, clientela e localização.
43	Como analisar a adequação de provisões contábeis em uma perícia?	Verifique se as provisões estão de acordo com as normas contábeis vigentes, analisando a documentação suporte e a razoabilidade dos valores provisionados.
44	O que fazer quando o contrato prevê taxa de juros pós-fixada?	Utilize o indexador previsto no contrato (como CDI ou SELIC) para calcular a taxa efetiva aplicada em cada período, considerando o spread contratual.
45	Como calcular o valor de opções de ações em disputas trabalhistas?	Utilize modelos de precificação de opções como *Black-Scholes* ou binomial, considerando o preço da ação, preço de exercício, volatilidade e prazo até o vencimento.
46	Como proceder na análise de contratos de consórcio em litígio?	Verifique a regularidade das cobranças de taxas de administração, fundo de reserva e seguros. Analise a

Nº	Pergunta	Resposta
		correção dos valores das parcelas e do crédito disponibilizado.
47	Como calcular o valor de uma indenização por danos morais em termos financeiros?	Embora o valor seja subjetivo e determinado pelo juiz, pode-se apresentar parâmetros baseados em jurisprudência similar e impacto econômico no ofendido.
48	O que fazer quando há alegação de vício na formação do contrato financeiro?	Analise a documentação de formalização do contrato, verificando se houve cumprimento das normas legais e regulamentares aplicáveis. Destaque no laudo quaisquer irregularidades encontradas.
49	Como calcular o impacto financeiro de uma quebra contratual?	Estime os prejuízos diretos e indiretos causados pela quebra, incluindo lucros cessantes, custos de oportunidade e possíveis danos à reputação, quando aplicável.
50	Como analisar a adequação de garantias em contratos de financiamento?	Verifique se o valor da garantia é compatível com o montante financiado, considerando possíveis desvalorizações. Analise se a garantia foi constituída de acordo com as normas legais.
51	O que fazer quando há divergência entre as taxas de juros em diferentes cláusulas do mesmo contrato?	Identifique a cláusula principal que rege a taxa de juros. Em caso de ambiguidade, aplique a interpretação

Nº	Pergunta	Resposta
		mais favorável ao consumidor, conforme o CDC.
52	Como calcular o valor presente de uma série de pagamentos futuros em uma disputa contratual?	Utilize a fórmula do valor presente de uma anuidade, considerando a taxa de desconto apropriada e o número de períodos.
53	Como proceder na análise de contratos de seguro em litígio?	Verifique a adequação das cláusulas às normas da SUSEP, analise a precificação do prêmio e a cobertura oferecida. Calcule eventuais indenizações devidas conforme as condições da apólice.
54	O que fazer quando há alegação de prática de venda casada em produtos financeiros?	Analise a documentação do contrato e verifique se há evidências de condicionamento da venda de um produto à aquisição de outro. Calcule o impacto financeiro dessa prática, se confirmada.
55	Como calcular o valor de uma empresa em caso de expropriação de ações?	Utilize métodos de avaliação como fluxo de caixa descontado, múltiplos de mercado e valor patrimonial. Considere o prêmio de controle, se aplicável.
56	Como analisar a adequação de taxas em operações de crédito rotativo?	Compare as taxas praticadas com as médias de mercado divulgadas pelo Banco Central. Verifique se há capitalização indevida de juros e se os limites legais foram respeitados.

Nº	Pergunta	Resposta
57	Como calcular o valor de um dano emergente em uma disputa comercial?	Some todos os custos diretos incorridos como resultado do evento danoso, incluindo despesas com reparos, substituições e perdas imediatas. Documente cada item cuidadosamente.
58	O que fazer quando há alegação de erro na aplicação de índices de correção monetária?	Verifique os índices aplicados, comparando-os com os previstos no contrato ou determinados judicialmente. Recalcule utilizando os índices corretos e demonstre a diferença no laudo.
59	Como analisar a adequação de taxas em operações de adiantamento a depositantes?	Compare as taxas cobradas com as médias de mercado e verifique se estão dentro dos limites legais. Analise a frequência e duração dos adiantamentos.
60	Como calcular o valor de uma empresa em caso de dissolução parcial de sociedade?	Utilize métodos como fluxo de caixa descontado, múltiplos de mercado ou valor patrimonial ajustado. Considere acordos societários e o impacto da saída do sócio no valor da empresa.
61	O que fazer quando há divergência entre o valor contábil e o valor de mercado de um ativo em disputa?	Apresente ambos os valores no laudo, explicando as razões para a divergência. Utilize métodos de avaliação adequados para estimar o valor de mercado atual.

Nº	Pergunta	Resposta
62	Como analisar a adequação de provisões para devedores duvidosos em uma instituição financeira?	Verifique se as provisões estão de acordo com as normas do Banco Central. Analise o histórico de inadimplência e a classificação de risco dos créditos.
63	Como calcular o impacto financeiro de uma alteração unilateral em contrato de longo prazo?	Estime a diferença entre os fluxos de caixa projetados antes e após a alteração. Considere o princípio da expectativa legítima e possíveis danos indiretos.
64	O que fazer quando há alegação de prática de pirâmide financeira?	Analise o modelo de negócio, fluxo de recursos e sustentabilidade financeira. Verifique se há dependência excessiva de novos entrantes para pagar retornos aos participantes anteriores.
65	O que fazer quando há alegação de fraude contábil em demonstrações financeiras?	Realize uma análise forense das demonstrações, verificando lançamentos suspeitos, inconsistências entre demonstrações e documentação suporte.
66	Como analisar a adequação de cláusulas de reajuste em contratos de longo prazo?	Verifique se os índices de reajuste refletem adequadamente a variação dos custos do objeto do contrato. Analise o impacto financeiro dos reajustes ao longo do tempo.
67	Como calcular o valor de sinergias em casos de fusões e aquisições contestadas?	Estime o valor adicional criado pela combinação de negócios, considerando economias de escala,

Nº	Pergunta	Resposta
		aumento de receitas e eficiências operacionais.
68	O que fazer quando há divergência entre o fluxo de caixa projetado e o realizado em disputas de *earn-out*?	Compare as projeções com os resultados reais, analisando as razões para as divergências. Verifique se houve mudanças significativas no mercado ou na gestão.
69	Como analisar a adequação de taxas em operações de desconto de recebíveis?	Compare as taxas praticadas com as médias de mercado. Verifique se há cobranças adicionais não explicitadas e se o risco da operação justifica a taxa aplicada.
70	Como calcular o impacto financeiro de uma violação de propriedade intelectual?	Estime os lucros perdidos pelo titular do direito e os ganhos obtidos pelo infrator. Considere danos à reputação e perda de valor da marca, se aplicável.
71	O que fazer quando há alegação de *insider trading* em transações de ações?	Analise o histórico de preços das ações, volume de negociações e informações relevantes divulgadas. Verifique se houve ganhos anormais correlacionados com informações privilegiadas.
72	Como calcular o valor de um negócio em fase pré-operacional em disputa societária?	Utilize métodos como fluxo de caixa descontado baseado em projeções, valor dos ativos desenvolvidos e comparação com empresas similares em estágio inicial.

Nº	Pergunta	Resposta
73	Como analisar a adequação de provisões para contingências em demonstrações financeiras?	Verifique se as provisões estão de acordo com as normas contábeis. Analise a documentação de suporte, como pareceres jurídicos, e a razoabilidade dos valores provisionados.
74	Como calcular o impacto financeiro de uma quebra de contrato de exclusividade?	Estime os lucros cessantes baseados no histórico de vendas e projeções futuras. Considere danos à reputação e custos de oportunidade perdidos.
75	O que fazer quando há alegação de manipulação de resultados financeiros?	Realize uma análise detalhada das demonstrações financeiras, buscando indícios de gerenciamento de resultados. Verifique a consistência das políticas contábeis ao longo do tempo.
76	Como analisar a adequação de taxas em operações de crédito consignado?	Compare as taxas praticadas com os limites estabelecidos pelo governo e as médias de mercado. Verifique se há cobranças adicionais não permitidas para este tipo de operação.
77	Como calcular o valor de uma marca em disputa de propriedade intelectual?	Utilize métodos como *relief from royalty*, *premium pricing* ou fluxo de caixa descontado atribuível à marca. Considere o reconhecimento da marca e sua força no mercado.
78	O que fazer quando há divergência entre o valor	Apresente ambos os valores no laudo, explicando as razões para a

Nº	Pergunta	Resposta
	contábil e o valor fiscal de ativos?	divergência. Calcule o impacto fiscal das diferenças e considere possíveis contingências tributárias.
79	Como analisar a adequação de cláusulas de performance em contratos de gestão?	Verifique se os indicadores de performance são mensuráveis e alinhados com os objetivos do contrato. Analise o impacto financeiro do cumprimento ou não das metas estabelecidas.
80	Como calcular o valor de um dano reputacional em termos financeiros?	Estime a perda de receita futura devido à reputação danificada. Considere custos adicionais com *marketing* e relações públicas para recuperação da imagem.
81	O que fazer quando há alegação de subfaturamento em operações comerciais?	Analise comparativamente os preços praticados com os de mercado. Verifique a documentação fiscal e contábil em busca de inconsistências.
82	Como calcular o valor justo de instrumentos financeiros complexos?	Utilize modelos de precificação adequados como Black-Scholes para opções ou modelos de fluxo de caixa descontado para títulos estruturados. Considere inputs de mercado observáveis quando possível.
83	Como analisar a adequação de políticas de preços de transferência em grupos econômicos?	Verifique se os preços praticados entre partes relacionadas estão de acordo com o princípio *arm's length*. Utilize

Nº	Pergunta	Resposta
		métodos reconhecidos pela OCDE para comparação.
84	Como calcular o impacto financeiro de uma violação de cláusula de não concorrência?	Estime os lucros perdidos pela parte prejudicada, considerando o desvio de clientes e oportunidades de negócio. Analise o histórico de faturamento e projeções futuras.
85	O que fazer quando há alegação de erro na aplicação de taxas de câmbio em contratos internacionais?	Verifique as taxas de câmbio aplicadas, comparando-as com as taxas oficiais nas datas relevantes. Recalcule os valores utilizando as taxas corretas e demonstre a diferença.
86	Como analisar a adequação de provisões para obsolescência de estoque?	Verifique se as provisões estão de acordo com as políticas contábeis da empresa e as normas aplicáveis. Analise o histórico de giro de estoque e as tendências de mercado.
87	Como calcular o valor de um negócio em recuperação judicial para fins de venda?	Utilize métodos como fluxo de caixa descontado ajustado ao risco, valor dos ativos líquidos e múltiplos de mercado de empresas comparáveis em situação similar.
88	O que fazer quando há divergência entre o valor declarado e o valor real de bens em inventários?	Realize uma avaliação independente dos bens, utilizando métodos apropriados para cada tipo de ativo. Compare com os valores declarados e explique as divergências.

Nº	Pergunta	Resposta
89	Como analisar a adequação de taxas em operações de *factoring*?	Compare as taxas praticadas com as médias de mercado. Verifique se há cobranças adicionais não explicitadas e se o risco da operação justifica a taxa aplicada.
90	Como calcular o impacto financeiro de uma quebra de sigilo bancário?	Estime os danos diretos (como perdas financeiras imediatas) e indiretos (como danos à reputação e perda de oportunidades de negócio) resultantes da violação.
91	O que fazer quando há alegação de superfaturamento em contratos públicos?	Compare os preços praticados com os de mercado e com referências oficiais (como tabelas SINAPI). Analise detalhadamente a composição dos custos apresentados.
92	Como calcular o valor de um ativo intangível desenvolvido internamente?	Utilize métodos como custo de reposição, fluxo de caixa descontado atribuível ao ativo ou *relief from royalty*. Considere os gastos de desenvolvimento e o potencial de geração de receita.
93	Como analisar a adequação de cláusulas de remuneração variável em contratos de prestação de serviços?	Verifique se os critérios para a remuneração variável são objetivos e mensuráveis. Analise o impacto financeiro das diferentes possibilidades de desempenho.

Nº	Pergunta	Resposta
94	Como calcular o impacto financeiro de uma violação de patente?	Estime os lucros cessantes do titular da patente e os lucros obtidos pelo infrator. Considere royalties não pagos e possível desvalorização da patente.
95	O que fazer quando há alegação de fraude em demonstrações financeiras para obtenção de crédito?	Analise as demonstrações financeiras apresentadas, comparando-as com registros contábeis e documentação suporte. Verifique se houve superavaliação de ativos ou subavaliação de passivos.
96	Como analisar a adequação de taxas em operações de arrendamento mercantil (*leasing*)?	Compare as taxas praticadas com as médias de mercado. Verifique se o valor residual garantido (VRG) está adequado e se há cobranças adicionais não permitidas.
97	Como calcular o valor de uma empresa para fins de dissolução societária litigiosa?	Utilize métodos como fluxo de caixa descontado, múltiplos de mercado e valor patrimonial ajustado. Considere cláusulas do contrato social e impacto da dissolução no valor.
98	O que fazer quando há divergência entre o fluxo de caixa operacional e o lucro contábil?	Analise detalhadamente as reconciliações entre lucro e fluxo de caixa. Verifique ajustes não monetários, variações no capital de giro e possíveis manipulações contábeis.

Nº	Pergunta	Resposta
99	Como analisar a adequação de provisões para garantias em empresas industriais?	Verifique se as provisões estão de acordo com o histórico de acionamento de garantias e expectativas futuras. Analise a política de garantias da empresa e compare com práticas do setor.
100	Como calcular o impacto financeiro de uma quebra de contrato de fornecimento exclusivo?	Estime os lucros cessantes baseados no histórico de vendas e projeções futuras. Considere custos adicionais para encontrar fornecedores alternativos e possíveis perdas de mercado.
101	O que fazer quando há alegação de manipulação de preços em operações entre partes relacionadas?	Compare os preços praticados com os de mercado em operações similares entre partes independentes. Analise a justificativa econômica das transações e seu impacto fiscal.
102	Como calcular o valor justo de opções de compra de ações (*stock options*) em disputas trabalhistas?	Utilize modelos de precificação como *Black-Scholes* ou binomial. Considere o preço da ação, preço de exercício, volatilidade, prazo até o vencimento e taxa livre de risco.
103	Como analisar a adequação de taxas em operações de crédito rural?	Verifique se as taxas estão de acordo com as diretrizes do Banco Central para crédito rural. Analise se há subsídios aplicáveis e se foram corretamente aplicados.

Nº	Pergunta	Resposta
104	Como calcular o impacto financeiro de uma violação de segredo industrial?	Estime os lucros cessantes da empresa prejudicada e os ganhos obtidos pelo infrator. Considere o valor de mercado do segredo e custos de desenvolvimento.
105	O que fazer quando há alegação de erro na aplicação de benefícios fiscais?	Verifique se os requisitos para o benefício fiscal foram atendidos. Recalcule os impostos considerando a correta aplicação dos benefícios e demonstre as diferenças.
106	Como analisar a adequação de cláusulas de ajuste de preço (*earn-out*) em contratos de compra e venda de empresas?	Verifique se os critérios para o ajuste são objetivos e mensuráveis. Analise o impacto financeiro das diferentes possibilidades de desempenho pós-aquisição.
107	Como calcular o valor de um fundo de investimento em caso de liquidação forçada?	Avalie cada ativo do fundo individualmente, considerando a liquidez e possíveis descontos em caso de venda forçada. Some os valores e subtraia os passivos e custos de liquidação.
108	O que fazer quando há divergência entre o valor contábil e o valor de mercado de instrumentos financeiros?	Apresente ambos os valores no laudo, explicando as razões para a divergência. Utilize técnicas de marcação a mercado para estimar o valor justo atual.
109	Como analisar a adequação de provisões para processos	Verifique se as provisões estão de acordo com as normas contábeis.

Nº	Pergunta	Resposta
	judiciais em demonstrações financeiras?	Analise os pareceres jurídicos, histórico de processos similares e probabilidade de perda.
110	Como calcular o impacto financeiro de uma violação de acordo de acionistas?	Estime os danos diretos causados pela violação, como perda de controle ou diluição indevida. Considere também danos indiretos, como impacto no valor da empresa.
111	O que fazer quando há alegação de fraude em operações de câmbio?	Analise as operações de câmbio, verificando se estão de acordo com as normas do Banco Central. Busque indícios de operações fictícias ou com finalidade de evasão de divisas.
112	Como calcular o valor de uma empresa startup em fase de crescimento acelerado?	Utilize métodos como fluxo de caixa descontado com cenários múltiplos, múltiplos de empresas comparáveis em estágio similar e valoração por *milestones*. Considere o potencial de crescimento e os riscos associados.
113	O que fazer quando há alegação de irregularidades em operações de *crowdfunding*?	Analise a conformidade da operação com as normas da CVM para *crowdfunding*. Verifique a transparência das informações fornecidas aos investidores e o uso dos recursos captados.
114	Como analisar a adequação de taxas em operações de microcrédito?	Compare as taxas praticadas com os limites estabelecidos para microcrédito. Verifique se há

Nº	Pergunta	Resposta
		cobranças adicionais e se o custo efetivo total está adequado ao perfil da operação.
115	Como calcular o impacto financeiro de uma violação de cláusula de confidencialidade?	Estime os danos diretos causados pela divulgação de informações confidenciais, como perda de vantagem competitiva. Considere também danos à reputação e custos de mitigação.
116	O que fazer quando há divergência entre o valor declarado e o valor real em operações imobiliárias?	Realize uma avaliação independente do imóvel, utilizando métodos como comparativo de mercado ou capitalização de renda. Compare com os valores declarados e explique as divergências.
117	Como analisar a adequação de provisões para créditos de liquidação duvidosa em instituições financeiras?	Verifique se as provisões estão de acordo com as normas do Banco Central. Analise o histórico de inadimplência, a classificação de risco dos créditos e as garantias existentes.
118	Como calcular o valor de um negócio para fins de planejamento sucessório?	Utilize métodos como fluxo de caixa descontado, múltiplos de mercado e valor patrimonial ajustado. Considere aspectos fiscais e possíveis impactos da sucessão na gestão do negócio.
119	Como lidar com perícias envolvendo criptomoedas e ativos digitais?	Utilize ferramentas de análise *blockchain* para rastrear transações. Considere a volatilidade dos preços e a

Nº	Pergunta	Resposta
		regulamentação aplicável. Consulte especialistas em tecnologia blockchain se necessário.
120	Como analisar contratos de financiamento com cláusulas de *covenants* financeiros?	Verifique o cumprimento dos *covenants* ao longo do tempo. Analise o impacto financeiro do descumprimento e possíveis renegociações de dívida.
121	Como calcular o impacto financeiro de uma interrupção de negócios devido a eventos extraordinários (como pandemias)?	Estime a perda de receita comparando com períodos anteriores e projeções. Considere custos adicionais incorridos e possíveis indenizações de seguro.
122	Como abordar perícias envolvendo empresas com operações em múltiplas jurisdições?	Considere as diferenças nas normas contábeis e fiscais entre jurisdições. Analise os preços de transferência e a alocação de custos entre as entidades do grupo.
123	Como avaliar o impacto financeiro de mudanças regulatórias em setores específicos?	Analise o custo de conformidade com novas regulações. Estime o impacto nas receitas e na estrutura de custos da empresa. Considere possíveis vantagens competitivas ou desvantagens resultantes.
124	Como definir honorários periciais em processos com valor de causa relativamente baixo?	Não base a proposta de honorários no valor da causa, mas no trabalho efetivamente realizado. Considere o tempo necessário para leitura do

Nº	Pergunta	Resposta
		processo, elaboração de cálculos e laudo. Mantenha o valor que represente adequadamente seu trabalho, independentemente do valor da causa.
125	Como lidar com situações em que o custo da perícia parece desproporcional ao valor em discussão?	Não se preocupe com a relação custo-benefício. Se o processo está em andamento, as partes têm interesse em resolver completamente a questão. Foque na qualidade técnica do seu trabalho e na proposta de honorários que reflita adequadamente o esforço despendido.
126	Qual a abordagem correta para honorários em processos de baixo valor?	Elabore a proposta considerando o tempo real de trabalho, complexidade da análise, horas necessárias para leitura, cálculos e elaboração do laudo. Não reduza seu valor apenas pelo baixo valor da causa.
127	Como utilizar ferramentas de IA, como ChatGPT, em trabalhos periciais?	Utilize como ferramenta auxiliar de pesquisa e organização. Nunca substitua o conhecimento técnico, mantenha sigilo absoluto, verifique sempre as informações geradas e use como suporte, não como fonte principal.
128	Como proceder quando o valor da perícia supera a divergência em discussão?	A decisão sobre continuidade não é responsabilidade do perito. Fatores como ganho de prazo processual,

Nº	Pergunta	Resposta
		princípio da completude jurídica e estratégia processual do advogado influenciam a continuidade independentemente do valor.
129	Qual a metodologia para calcular perdas que envolvem vidas humanas?	Não existe metodologia única. Considere impacto econômico, dependentes, perspectiva de ganhos futuros, danos morais e emocionais. Cada caso requer análise individualizada e multidisciplinar.
130	Como atualizar valores em perícias quando não há determinação específica do juiz?	Possíveis abordagens: atualizar até data do laudo pericial, considerar data do depósito judicial ou usar data apresentada pelo requerente. Sempre documentar a metodologia utilizada.
131	Qual o prazo de prescrição para honorários periciais?	Conforme Código Civil, art. 206, § 1º, III: 1 (um) ano para recebimento de honorários periciais.
132	Como manter a confidencialidade ao trabalhar com documentos digitais?	Procedimentos: sempre anonimizar documentos, usar versões pagas de ferramentas com certificações de segurança, seguir normas LGPD e ter cuidado ao compartilhar informações.
133	Quais são os principais riscos ao utilizar inteligência artificial em perícias?	Riscos principais: vazamento de informações confidenciais, interpretações equivocadas, dependência tecnológica e possível perda de credibilidade técnica.

Nº	Pergunta	Resposta
		Sempre priorize seu conhecimento profissional.

Quadro de Perguntas e Respostas: Perícia Financeira Judicial e Extrajudicial
(Parte 2)

Nº	Pergunta	Resposta
134	Como proceder em uma penhora de faturamento quando o sócio não quer depositar imediatamente?	A penhora de faturamento é determinação do Juízo. O problema não é do perito. Basta informar ao Juízo sobre a recusa do sócio em depositar.
135	Como tratar índices negativos em correção monetária de contratos específicos?	Analise cuidadosamente as cláusulas contratuais. Em alguns casos, há previsões especiais para índices negativos. Quando não houver, aplique o índice conforme determinação contratual ou judicial.
136	Como localizar séries históricas de taxas de juros no sistema do Banco Central?	Utilize o link *https://www.bcb.gov.br/estatisticas/reporttxjuroshistorico* Selecione entre séries de Pessoa Jurídica (PJ) ou Pessoa Física (PF), considerando o período específico.
137	Qual a melhor estratégia quando o contrato não apresenta a taxa de juros específica?	Solicite formalmente documentos com taxa de juros, não aceite apenas o Custo Efetivo Total (CET). Compare com taxas médias de mercado e

Nº	Pergunta	Resposta
		documente detalhadamente, deixando a decisão final para o Juízo.
138	Como lidar com contas que ficam frequentemente negativas por centavos?	Documente todas as movimentações, registre resgates e coberturas de saldo, calcule considerando taxas médias e apresente memória de cálculo detalhada, deixando decisões interpretativas para o juiz.
139	Qual a abordagem correta para responder quesitos que parecem envolver questão de mérito?	Responda tecnicamente, verifique conformidade com convenções/leis, apresente fatos objetivamente, não emita juízo de valor e deixe interpretações finais para o juiz.
140	Como proceder quando há divergência entre taxas contratuais e taxas de mercado?	Compare taxas detalhadamente, documente diferenças encontradas, apresente memória de cálculo, não decida qual taxa aplicar e deixe decisão final para o Juízo.
141	Quais cuidados ao calcular juros em contratos com múltiplas variáveis?	Verifique todas as cláusulas contratuais, considere variações históricas, use séries temporais oficiais, documente cada etapa do cálculo e seja transparente nas metodologias.
142	Como manter a objetividade em perícias financeiras complexas?	Mantenha-se técnico, evite interpretações subjetivas, documente metodologias, apresente dados de

Nº	Pergunta	Resposta
		forma clara e deixe decisões interpretativas para o juiz.
143	Qual a melhor forma de apresentar divergências em laudos periciais?	Use linguagem técnica e objetiva, apresente memórias de cálculo, destaque diferenças encontradas, não faça julgamentos e forneça todas as informações para decisão judicial.
144	Como identificar e calcular taxas de juros em contratos com informações incompletas?	Solicite formalmente ao banco todos os documentos detalhados sobre a composição das taxas. Não aceite apenas o Custo Efetivo Total (CET). Documente cada solicitação e resposta para subsidiar o laudo pericial.
145	Quais procedimentos adotar em perícias de contratos com cláusulas financeiras complexas?	Analise detalhadamente cada cláusula, compare com normas vigentes, solicite esclarecimentos formais quando necessário e apresente um relatório técnico objetivo sem emitir juízo de valor final.
146	Como tratar divergências entre taxas contratuais e taxas de mercado em diferentes períodos?	Elabore planilha comparativa demonstrando as variações, utilize séries históricas oficiais, documente metodologia de cálculo e deixe a decisão interpretativa final para o juízo.

Nº	Pergunta	Resposta
147	Qual abordagem usar em perícias envolvendo múltiplos instrumentos contratuais?	Analise individualmente cada documento, estabeleça correlações, verifique consistência das informações e prepare relatório que evidencie objetivamente as características de cada instrumento.
148	Como proceder quando documentos apresentam inconsistências ou informações omissas?	Solicite formalmente complementação documental, registre cada comunicação, elabore relatório técnico destacando as inconsistências encontradas e aguarde manifestação das partes.
149	Quais cuidados tomar ao calcular atualização monetária em contratos de longo prazo?	Utilize índices oficiais, considere variações históricas, documente metodologia de correção, apresente memória de cálculo detalhada e observe determinações contratuais específicas.
150	Como realizar perícia em contratos com cláusulas de reajuste não lineares?	Decompor matematicamente a estrutura de reajuste, utilizar séries temporais oficiais, demonstrar memória de cálculo transparente e evidenciar cada etapa da correção.
151	Qual procedimento em perícias de contratos com indexadores descontinuados?	Pesquise indexador substituto oficial, consulte normas específicas, utilize metodologia reconhecida e apresente fundamentação técnica para substituição.

Nº	Pergunta	Resposta
152	Como calcular impacto financeiro de cláusulas contratuais complexas?	Desenvolva modelo matemático que demonstre projeções, utilize simulações com diferentes cenários, documente premissas utilizadas e apresente análise objetiva.
153	Quais estratégias usar para manter imparcialidade técnica em perícias financeiras controversas?	Mantenha-se estritamente técnico, base decisões em evidências documentais, utilize metodologias reconhecidas, documente integralmente procedimentos e evite interpretações subjetivas.
154	Como realizar perícia financeira em modelos de negócios de economia compartilhada com múltiplas plataformas digitais?	Desenvolva matriz de análise multicamadas, considerando fluxos de receita cruzada, comissões variáveis, custos operacionais digitais e impacto de externalidades tecnológicas. Utilize modelagem financeira com simulações de cenários dinâmicos.
155	Qual metodologia pericial para avaliar impactos financeiros de transformações organizacionais provocadas por automação e inteligência artificial?	Construa modelo de análise comparativa entre custos humanos e tecnológicos, mapeie investimentos em capacitação, calcule produtividade incremental e estime potenciais indenizações ou readequações contratuais.
156	Procedimentos técnicos para perícia em contratos com cláusulas de sustentabilidade e	Desenvolva indicadores quantitativos de performance socioambiental, estabeleça metodologia de conversão

Nº	Pergunta	Resposta
	métricas ESG vinculadas a compensações financeiras	de métricas não-financeiras em impactos econômicos mensuráveis, considerando riscos reputacionais e regulatórios.
157	Como realizar perícia financeira em ecossistemas de inovação com múltiplos stakeholders e fontes de financiamento híbridas?	Construa matriz de rastreabilidade financeira, mapeie fontes de recursos (*venture capital*, subvenções, *crowdfunding*), analise interdependências econômicas e calcule valor agregado considerando externalidades positivas.
158	Metodologia pericial para avaliar danos econômicos em cenários de disrupção tecnológica não prevista contratualmente	Desenvolva modelo de análise prospectiva, considere custos de adaptação, potenciais perdas de mercado, investimentos em ressignificação estratégica e metodologia de quantificação de danos emergentes e lucros cessantes.
159	Procedimentos técnicos para perícia em contratos internacionais com cláusulas de resolução de conflitos via *blockchain* e *smart contracts*	Desenvolva protocolo de verificação criptográfica, analise consistência dos registros distribuídos, estabeleça metodologia de validação de transações e calcule impactos financeiros considerando riscos de interoperabilidade.
160	Como realizar perícia financeira em modelos de negócios de economia circular com métricas de impacto socioambiental	Construa indicadores híbridos de performance, convertendo externalidades ambientais em valor econômico, mapeie custos evitados e

Nº	Pergunta	Resposta
		desenvolvendo metodologia de quantificação de impactos não-monetários.
161	Metodologia pericial para avaliar danos em ecossistemas de inovação aberta com propriedade intelectual compartilhada	Desenvolva matriz de valoração de ativos intangíveis, calcule potenciais royalties não realizados, mapeie custos de desenvolvimento colaborativo e estabeleça metodologia de distribuição de valor entre múltiplos agentes.
162	Procedimentos técnicos para perícia em contratos com cláusulas de resiliência econômica em cenários de alta volatilidade	Construa modelo de estresse financeiro, desenvolva simulações de múltiplos cenários, calcule gatilhos de acionamento de cláusulas e estabeleça metodologia de quantificação de riscos sistêmicos.
163	Como realizar perícia financeira em modelos de negócios de plataformas de economia de dados com monetização de informações	Desenvolva metodologia de precificação de ativos informacionais, calcule externalidades de dados, mapeie fluxos de valor indiretos e estabeleça protocolo de quantificação de danos em vazamentos ou uso indevido.
164	Como proceder quando há divergência entre taxas contratuais e taxas de mercado em diferentes períodos?	Elabore uma planilha comparativa demonstrando as variações, utilizando séries históricas oficiais. Documente a metodologia de cálculo e deixe a decisão interpretativa final para o juízo. Considere a

Nº	Pergunta	Resposta
		possibilidade de realizar uma análise de sensibilidade para verificar o impacto de diferentes cenários econômicos nas taxas.
165	Qual abordagem usar em perícias envolvendo múltiplos instrumentos contratuais?	Analise individualmente cada documento, estabeleça correlações e verifique a consistência das informações. Prepare um relatório que evidencie objetivamente as características de cada instrumento, destacando possíveis conflitos ou complementações entre os contratos. Utilize uma abordagem sistemática para garantir que todos os aspectos relevantes sejam considerados.
166	Como proceder quando documentos apresentam inconsistências ou informações omissas?	Solicite formalmente a complementação documental e registre cada comunicação. Elabore um relatório técnico destacando as inconsistências encontradas e aguarde manifestação das partes. Considere a possibilidade de propor uma perícia complementar para esclarecer as dúvidas persistentes.
167	Quais cuidados tomar ao calcular atualização monetária em contratos de longo prazo?	Utilize índices de atualização monetária reconhecidos e aplique-os de acordo com as disposições contratuais ou determinações judiciais. Considere as particularidades econômicas do

Nº	Pergunta	Resposta
		período em questão e documente a metodologia utilizada. Avalie o impacto de diferentes índices de atualização, se aplicável, e justifique a escolha do índice utilizado.
168	Como lidar com a perícia em contratos de *factoring*?	Verifique a taxa de desconto aplicada, analise a legalidade das cláusulas contratuais e calcule o valor efetivamente recebido pelo cedente em comparação com o valor nominal dos títulos. Considere também a análise da qualidade dos recebíveis e o risco de inadimplência associado. Utilize uma abordagem que inclua a avaliação das garantias oferecidas e a conformidade com as normas regulatórias aplicáveis.
169	Como proceder em uma penhora de faturamento quando o sócio não quer depositar imediatamente?	A penhora de faturamento é determinação do Juízo. O problema não é do perito. Basta informar ao Juízo sobre a recusa do sócio em depositar.
170	Como tratar índices negativos em correção monetária de contratos específicos?	Analise cuidadosamente as cláusulas contratuais. Em alguns casos, há previsões especiais para índices negativos. Quando não houver, aplique o índice conforme determinação contratual ou judicial.

Nº	Pergunta	Resposta
140	Qual a melhor estratégia quando o contrato não apresenta a taxa de juros específica?	Solicite formalmente documentos com taxa de juros, não aceite apenas o Custo Efetivo Total (CET). Compare com taxas médias de mercado e documente detalhadamente, deixando a decisão final para o Juízo.
141	Como lidar com contas que ficam frequentemente negativas por centavos?	Documente todas as movimentações, registre resgates e coberturas de saldo, calcule considerando taxas médias e apresente memória de cálculo detalhada, deixando decisões interpretativas para o juiz.
142	Qual a abordagem correta para responder quesitos que parecem envolver questão de mérito?	Responda tecnicamente, verifique conformidade com convenções/leis, apresente fatos objetivamente, não emita juízo de valor e deixe interpretações finais para o juiz.
143	Como proceder quando há divergência entre taxas contratuais e taxas de mercado?	Compare taxas detalhadamente, documente diferenças encontradas, apresente memória de cálculo, não decida qual taxa aplicar e deixe decisão final para o Juízo.
144	Quais cuidados ao calcular juros em contratos com múltiplas variáveis?	Verifique todas as cláusulas contratuais, considere variações históricas, use séries temporais oficiais, documente cada etapa do cálculo e seja transparente nas metodologias.

Nº	Pergunta	Resposta
145	Como manter a objetividade em perícias financeiras complexas?	Mantenha-se técnico, evite interpretações subjetivas, documente metodologias, apresente dados de forma clara e deixe decisões interpretativas para o juiz.
146	Qual a melhor forma de apresentar divergências em laudos periciais?	Use linguagem técnica e objetiva, apresente memórias de cálculo, destaque diferenças encontradas, não faça julgamentos e forneça todas as informações para decisão judicial.
147	Como identificar e calcular taxas de juros em contratos com informações incompletas?	Solicite formalmente ao banco todos os documentos detalhados sobre a composição das taxas. Não aceite apenas o Custo Efetivo Total (CET). Documente cada solicitação e resposta para subsidiar o laudo pericial.
148	Quais procedimentos adotar em perícias de contratos com cláusulas financeiras complexas?	Analise detalhadamente cada cláusula, compare com normas vigentes, solicite esclarecimentos formais quando necessário e apresente um relatório técnico objetivo sem emitir juízo de valor final.
149	Como tratar divergências entre taxas contratuais e taxas de mercado em diferentes períodos?	Elabore planilha comparativa demonstrando as variações, utilize séries históricas oficiais, documente metodologia de cálculo e deixe a

Nº	Pergunta	Resposta
		decisão interpretativa final para o juízo.
150	Qual abordagem usar em perícias envolvendo múltiplos instrumentos contratuais?	Analise individualmente cada documento, estabeleça correlações, verifique consistência das informações e prepare relatório que evidencie objetivamente as características de cada instrumento.
151	Como proceder quando documentos apresentam inconsistências ou informações omissas?	Solicite formalmente complementação documental, registre cada comunicação, elabore relatório técnico destacando as inconsistências encontradas e aguarde manifestação das partes.
152	Quais cuidados tomar ao calcular atualização monetária em contratos de longo prazo?	Utilize índices oficiais, considere variações históricas, documente metodologia de correção, apresente memória de cálculo detalhada e observe determinações contratuais específicas.
153	Como realizar perícia em contratos com cláusulas de reajuste não lineares?	Decompor matematicamente a estrutura de reajuste, utilizar séries temporais oficiais, demonstrar memória de cálculo transparente e evidenciar cada etapa da correção.
154	Qual procedimento em perícias de contratos com indexadores descontinuados?	Pesquise indexador substituto oficial, consulte normas específicas, utilize metodologia reconhecida e apresente

Nº	Pergunta	Resposta
		fundamentação técnica para substituição.
155	Como calcular impacto financeiro de cláusulas contratuais complexas?	Desenvolva modelo matemático que demonstre projeções, utilize simulações com diferentes cenários, documente premissas utilizadas e apresente análise objetiva.
156	Quais estratégias usar para manter imparcialidade técnica em perícias financeiras controversas?	Mantenha-se estritamente técnico, base decisões em evidências documentais, utilize metodologias reconhecidas, documente integralmente procedimentos e evite interpretações subjetivas.
157	Como realizar perícia financeira em modelos de negócios de economia compartilhada com múltiplas plataformas digitais?	Desenvolva matriz de análise multicamadas, considerando fluxos de receita cruzada, comissões variáveis, custos operacionais digitais e impacto de externalidades tecnológicas. Utilize modelagem financeira com simulações de cenários dinâmicos.
158	Qual metodologia pericial para avaliar impactos financeiros de transformações organizacionais provocadas por automação e inteligência artificial?	Construa modelo de análise comparativa entre custos humanos e tecnológicos, mapeie investimentos em capacitação, calcule produtividade incremental e estime potenciais indenizações ou readequações contratuais.

Nº	Pergunta	Resposta
159	Procedimentos técnicos para perícia em contratos com cláusulas de sustentabilidade e métricas ESG vinculadas a compensações financeiras	Desenvolva indicadores quantitativos de performance socioambiental, estabeleça metodologia de conversão de métricas não-financeiras em impactos econômicos mensuráveis, considerando riscos reputacionais e regulatórios.
160	Como realizar perícia financeira em ecossistemas de inovação com múltiplos stakeholders e fontes de financiamento híbridas?	Construa matriz de rastreabilidade financeira, mapeie fontes de recursos (*venture capital*, subvenções, *crowdfunding*), analise interdependências econômicas e calcule valor agregado considerando externalidades positivas.
161	Metodologia pericial para avaliar danos econômicos em cenários de disrupção tecnológica não prevista contratualmente	Desenvolva modelo de análise prospectiva, considere custos de adaptação, potenciais perdas de mercado, investimentos em ressignificação estratégica e metodologia de quantificação de danos emergentes e lucros cessantes.
162	Procedimentos técnicos para perícia em contratos internacionais com cláusulas de resolução de conflitos via *blockchain* e *smart contracts*	Desenvolva protocolo de verificação criptográfica, analise consistência dos registros distribuídos, estabeleça metodologia de validação de transações e calcule impactos financeiros considerando riscos de interoperabilidade.

Nº	Pergunta	Resposta
163	Como realizar perícia financeira em modelos de negócios de economia circular com métricas de impacto socioambiental	Construa indicadores híbridos de performance, convertendo externalidades ambientais em valor econômico, mapeie custos evitados e desenvolvendo metodologia de quantificação de impactos não-monetários.
164	Metodologia pericial para avaliar danos em ecossistemas de inovação aberta com propriedade intelectual compartilhada	Desenvolva matriz de valoração de ativos intangíveis, calcule potenciais royalties não realizados, mapeie custos de desenvolvimento colaborativo e estabeleça metodologia de distribuição de valor entre múltiplos agentes.
165	Procedimentos técnicos para perícia em contratos com cláusulas de resiliência econômica em cenários de alta volatilidade	Construa modelo de estresse financeiro, desenvolva simulações de múltiplos cenários, calcule gatilhos de acionamento de cláusulas e estabeleça metodologia de quantificação de riscos sistêmicos.
166	Como realizar perícia financeira em modelos de negócios de plataformas de economia de dados com monetização de informações	Desenvolva metodologia de precificação de ativos informacionais, calcule externalidades de dados, mapeie fluxos de valor indiretos e estabeleça protocolo de quantificação de danos em vazamentos ou uso indevido.
167	Como proceder quando há divergência entre taxas	Elabore uma planilha comparativa demonstrando as variações,

Nº	Pergunta	Resposta
	contratuais e taxas de mercado em diferentes períodos?	utilizando séries históricas oficiais. Documente a metodologia de cálculo e deixe a decisão interpretativa final para o juízo. Considere a possibilidade de realizar uma análise de sensibilidade para verificar o impacto de diferentes cenários econômicos nas taxas.
168	Qual abordagem usar em perícias envolvendo múltiplos instrumentos contratuais?	Analise individualmente cada documento, estabeleça correlações e verifique a consistência das informações. Prepare um relatório que evidencie objetivamente as características de cada instrumento, destacando possíveis conflitos ou complementações entre os contratos. Utilize uma abordagem sistemática para garantir que todos os aspectos relevantes sejam considerados.
169	Como proceder quando documentos apresentam inconsistências ou informações omissas?	Solicite formalmente a complementação documental e registre cada comunicação. Elabore um relatório técnico destacando as inconsistências encontradas e aguarde manifestação das partes. Considere a possibilidade de propor uma perícia complementar para esclarecer as dúvidas persistentes.

Nº	Pergunta	Resposta
170	Quais cuidados tomar ao calcular atualização monetária em contratos de longo prazo?	Utilize índices de atualização monetária reconhecidos e aplique-os de acordo com as disposições contratuais ou determinações judiciais. Considere as particularidades econômicas do período em questão e documente a metodologia utilizada. Avalie o impacto de diferentes índices de atualização, se aplicável, e justifique a escolha do índice utilizado.
171	Como lidar com a perícia em contratos de *factoring*?	Verifique a taxa de desconto aplicada, analise a legalidade das cláusulas contratuais e calcule o valor efetivamente recebido pelo cedente em comparação com o valor nominal dos títulos. Considere também a análise da qualidade dos recebíveis e o risco de inadimplência associado. Utilize uma abordagem que inclua a avaliação das garantias oferecidas e a conformidade com as normas regulatórias aplicáveis.
137	Como proceder em uma penhora de faturamento quando o sócio não quer depositar imediatamente?	A penhora de faturamento é determinação do Juízo. O problema não é do perito. Basta informar ao Juízo sobre a recusa do sócio em depositar.

Nº	Pergunta	Resposta
138	Como tratar índices negativos em correção monetária de contratos específicos?	Analise cuidadosamente as cláusulas contratuais. Em alguns casos, há previsões especiais para índices negativos. Quando não houver, aplique o índice conforme determinação contratual ou judicial.
139	Qual a melhor estratégia quando o contrato não apresenta a taxa de juros específica?	Solicite formalmente documentos com taxa de juros, não aceite apenas o Custo Efetivo Total (CET). Compare com taxas médias de mercado e documente detalhadamente, deixando a decisão final para o Juízo.
140	Como lidar com contas que ficam frequentemente negativas por centavos?	Documente todas as movimentações, registre resgates e coberturas de saldo, calcule considerando taxas médias e apresente memória de cálculo detalhada, deixando decisões interpretativas para o juiz.
141	Qual a abordagem correta para responder quesitos que parecem envolver questão de mérito?	Responda tecnicamente, verifique conformidade com convenções/leis, apresente fatos objetivamente, não emita juízo de valor e deixe interpretações finais para o juiz.
142	Como proceder quando há divergência entre taxas contratuais e taxas de mercado?	Compare taxas detalhadamente, documente diferenças encontradas, apresente memória de cálculo, não decida qual taxa aplicar e deixe decisão final para o Juízo.

Nº	Pergunta	Resposta
143	Quais cuidados ao calcular juros em contratos com múltiplas variáveis?	Verifique todas as cláusulas contratuais, considere variações históricas, use séries temporais oficiais, documente cada etapa do cálculo e seja transparente nas metodologias.
144	Como manter a objetividade em perícias financeiras complexas?	Mantenha-se técnico, evite interpretações subjetivas, documente metodologias, apresente dados de forma clara e deixe decisões interpretativas para o juiz.
145	Qual a melhor forma de apresentar divergências em laudos periciais?	Use linguagem técnica e objetiva, apresente memórias de cálculo, destaque diferenças encontradas, não faça julgamentos e forneça todas as informações para decisão judicial.
146	Como identificar e calcular taxas de juros em contratos com informações incompletas?	Solicite formalmente ao banco todos os documentos detalhados sobre a composição das taxas. Não aceite apenas o Custo Efetivo Total (CET). Documente cada solicitação e resposta para subsidiar o laudo pericial.
147	Quais procedimentos adotar em perícias de contratos com cláusulas financeiras complexas?	Analise detalhadamente cada cláusula, compare com normas vigentes, solicite esclarecimentos formais quando necessário e apresente um relatório técnico

Nº	Pergunta	Resposta
		objetivo sem emitir juízo de valor final.
148	Como tratar divergências entre taxas contratuais e taxas de mercado em diferentes períodos?	Elabore planilha comparativa demonstrando as variações, utilize séries históricas oficiais, documente metodologia de cálculo e deixe a decisão interpretativa final para o juízo.
149	Qual abordagem usar em perícias envolvendo múltiplos instrumentos contratuais?	Analise individualmente cada documento, estabeleça correlações, verifique consistência das informações e prepare relatório que evidencie objetivamente as características de cada instrumento.
150	Como proceder quando documentos apresentam inconsistências ou informações omissas?	Solicite formalmente complementação documental, registre cada comunicação, elabore relatório técnico destacando as inconsistências encontradas e aguarde manifestação das partes.
151	Quais cuidados tomar ao calcular atualização monetária em contratos de longo prazo?	Utilize índices oficiais, considere variações históricas, documente metodologia de correção, apresente memória de cálculo detalhada e observe determinações contratuais específicas.

Nº	Pergunta	Resposta
152	Como realizar perícia em contratos com cláusulas de reajuste não lineares?	Decompor matematicamente a estrutura de reajuste, utilizar séries temporais oficiais, demonstrar memória de cálculo transparente e evidenciar cada etapa da correção.
153	Qual procedimento em perícias de contratos com indexadores descontinuados?	Pesquise indexador substituto oficial, consulte normas específicas, utilize metodologia reconhecida e apresente fundamentação técnica para substituição.
154	Como calcular impacto financeiro de cláusulas contratuais complexas?	Desenvolva modelo matemático que demonstre projeções, utilize simulações com diferentes cenários, documente premissas utilizadas e apresente análise objetiva.
155	Quais estratégias usar para manter imparcialidade técnica em perícias financeiras controversas?	Mantenha-se estritamente técnico, base decisões em evidências documentais, utilize metodologias reconhecidas, documente integralmente procedimentos e evite interpretações subjetivas.
156	Como realizar perícia financeira em modelos de negócios de economia compartilhada com múltiplas plataformas digitais?	Desenvolva matriz de análise multicamadas, considerando fluxos de receita cruzada, comissões variáveis, custos operacionais digitais e impacto de externalidades tecnológicas. Utilize modelagem financeira com simulações de cenários dinâmicos.

Nº	Pergunta	Resposta
157	Qual metodologia pericial para avaliar impactos financeiros de transformações organizacionais provocadas por automação e inteligência artificial?	Construa modelo de análise comparativa entre custos humanos e tecnológicos, mapeie investimentos em capacitação, calcule produtividade incremental e estime potenciais indenizações ou readequações contratuais.
158	Procedimentos técnicos para perícia em contratos com cláusulas de sustentabilidade e métricas ESG vinculadas a compensações financeiras	Desenvolva indicadores quantitativos de performance socioambiental, estabeleça metodologia de conversão de métricas não-financeiras em impactos econômicos mensuráveis, considerando riscos reputacionais e regulatórios.
159	Como realizar perícia financeira em ecossistemas de inovação com múltiplos stakeholders e fontes de financiamento híbridas?	Construa matriz de rastreabilidade financeira, mapeie fontes de recursos (*venture capital*, subvenções, *crowdfunding*), analise interdependências econômicas e calcule valor agregado considerando externalidades positivas.
160	Metodologia pericial para avaliar danos econômicos em cenários de disrupção tecnológica não prevista contratualmente	Desenvolva modelo de análise prospectiva, considere custos de adaptação, potenciais perdas de mercado, investimentos em ressignificação estratégica e metodologia de quantificação de danos emergentes e lucros cessantes.

Nº	Pergunta	Resposta
161	Procedimentos técnicos para perícia em contratos internacionais com cláusulas de resolução de conflitos via *blockchain* e *smart contracts*	Desenvolva protocolo de verificação criptográfica, analise consistência dos registros distribuídos, estabeleça metodologia de validação de transações e calcule impactos financeiros considerando riscos de interoperabilidade.
162	Como realizar perícia financeira em modelos de negócios de economia circular com métricas de impacto socioambiental	Construa indicadores híbridos de performance, convertendo externalidades ambientais em valor econômico, mapeie custos evitados e desenvolvendo metodologia de quantificação de impactos não-monetários.
163	Metodologia pericial para avaliar danos em ecossistemas de inovação aberta com propriedade intelectual compartilhada	Desenvolva matriz de valoração de ativos intangíveis, calcule potenciais royalties não realizados, mapeie custos de desenvolvimento colaborativo e estabeleça metodologia de distribuição de valor entre múltiplos agentes.
164	Procedimentos técnicos para perícia em contratos com cláusulas de resiliência econômica em cenários de alta volatilidade	Construa modelo de estresse financeiro, desenvolva simulações de múltiplos cenários, calcule gatilhos de acionamento de cláusulas e estabeleça metodologia de quantificação de riscos sistêmicos.
165	Como realizar perícia financeira em modelos de negócios de	Desenvolva metodologia de precificação de ativos informacionais,

Nº	Pergunta	Resposta
	plataformas de economia de dados com monetização de informações	calcule externalidades de dados, mapeie fluxos de valor indiretos e estabeleça protocolo de quantificação de danos em vazamentos ou uso indevido.
166	Como proceder quando há divergência entre taxas contratuais e taxas de mercado em diferentes períodos?	Elabore uma planilha comparativa demonstrando as variações, utilizando séries históricas oficiais. Documente a metodologia de cálculo e deixe a decisão interpretativa final para o juízo. Considere a possibilidade de realizar uma análise de sensibilidade para verificar o impacto de diferentes cenários econômicos nas taxas.
167	Qual abordagem usar em perícias envolvendo múltiplos instrumentos contratuais?	Analise individualmente cada documento, estabeleça correlações e verifique a consistência das informações. Prepare um relatório que evidencie objetivamente as características de cada instrumento, destacando possíveis conflitos ou complementações entre os contratos. Utilize uma abordagem sistemática para garantir que todos os aspectos relevantes sejam considerados.
168	Como proceder quando documentos apresentam inconsistências ou informações omissas?	Solicite formalmente a complementação documental e registre cada comunicação. Elabore um relatório técnico destacando as

Nº	Pergunta	Resposta
		inconsistências encontradas e aguarde manifestação das partes. Considere a possibilidade de propor uma perícia complementar para esclarecer as dúvidas persistentes.
169	Quais cuidados tomar ao calcular atualização monetária em contratos de longo prazo?	Utilize índices de atualização monetária reconhecidos e aplique-os de acordo com as disposições contratuais ou determinações judiciais. Considere as particularidades econômicas do período em questão e documente a metodologia utilizada. Avalie o impacto de diferentes índices de atualização, se aplicável, e justifique a escolha do índice utilizado.
170	Como lidar com a perícia em contratos de *factoring*?	Verifique a taxa de desconto aplicada, analise a legalidade das cláusulas contratuais e calcule o valor efetivamente recebido pelo cedente em comparação com o valor nominal dos títulos. Considere também a análise da qualidade dos recebíveis e o risco de inadimplência associado. Utilize uma abordagem que inclua a avaliação das garantias oferecidas e a conformidade com as normas regulatórias aplicáveis.
171	Como lidar com a complexidade dos cálculos de	Utilize índices oficiais de atualização monetária, como o IPCA ou INPC,

Nº	Pergunta	Resposta
	atualização monetária em processos judiciais?	conforme determinação judicial ou contratual. Documente a metodologia utilizada e apresente uma memória de cálculo detalhada. Considere a possibilidade de realizar uma análise de sensibilidade para verificar o impacto de diferentes índices.
172	Quais são as melhores práticas para a análise de contratos de derivativos em perícias financeiras?	Avalie a conformidade dos contratos com as normas da CVM e do Banco Central. Utilize modelos de precificação reconhecidos, como Black-Scholes, e considere a volatilidade dos mercados subjacentes. Analise os riscos associados à alavancagem e à liquidez dos ativos. Documente todas as premissas e cálculos utilizados na análise.
173	Como abordar a perícia em contratos de crédito rural com subsídios governamentais?	Verifique a conformidade dos contratos com as diretrizes do Banco Central e do Ministério da Agricultura. Avalie a aplicação correta dos subsídios e a adequação das taxas de juros. Utilize uma abordagem que inclua a análise de impacto econômico e a avaliação da sustentabilidade financeira das operações. Documente todas as evidências e cálculos de apoio.

Nº	Pergunta	Resposta
174	Quais são os desafios na perícia de contratos de infraestrutura financiados por PPPs?	Avalie a viabilidade econômica dos projetos, considerando os riscos associados à execução e à operação a longo prazo. Analise as garantias oferecidas e as condições de financiamento. Utilize uma abordagem que inclua a análise de custo-benefício e a avaliação dos impactos socioeconômicos. Considere a conformidade com as normas regulatórias e as políticas públicas aplicáveis.
175	Como proceder na análise de contratos de securitização de recebíveis em perícias judiciais?	Avalie a estrutura dos contratos, incluindo a qualidade dos ativos subjacentes e a robustez do fluxo de caixa previsto. Analise os riscos associados à inadimplência e à concentração de crédito. Utilize uma abordagem que inclua a avaliação das garantias oferecidas e a conformidade com as normas regulatórias aplicáveis. Considere também o impacto da securitização nas demonstrações financeiras e sua relevância para a liquidez e solvência da entidade emitente.
176	Como abordar a análise de contratos financeiros com cláusulas de ajuste cambial?	Avalie a conformidade das cláusulas com a legislação vigente e as diretrizes do Banco Central. Utilize modelos de projeção de câmbio para

Nº	Pergunta	Resposta
		simular diferentes cenários econômicos. Documente a metodologia e as premissas utilizadas, destacando os riscos associados às flutuações cambiais. Considere também a análise de impacto no fluxo de caixa e na viabilidade financeira do contrato.
177	Quais são as melhores práticas para perícia em contratos de leasing financeiro?	Verifique a conformidade com as normas contábeis e regulatórias aplicáveis, como o CPC 06 (R2). Avalie a estrutura dos contratos, incluindo a precificação dos ativos e as condições de pagamento. Utilize uma abordagem que inclua a análise de risco e a avaliação da capacidade de pagamento do arrendatário. Documente todas as evidências e cálculos de apoio, considerando possíveis impactos fiscais e contábeis.
178	Como lidar com a perícia em operações de fusões e aquisições?	Avalie a estrutura financeira das transações, incluindo a avaliação de ativos e passivos. Analise as sinergias esperadas e os riscos associados à integração das operações. Utilize métodos de avaliação como fluxo de caixa descontado e múltiplos de mercado. Documente todas as premissas e cálculos utilizados, considerando a conformidade com as

Nº	Pergunta	Resposta
		normas contábeis e regulatórias aplicáveis.
179	Quais são os desafios na perícia de contratos de prestação de serviços em projetos de infraestrutura?	Avalie a conformidade dos contratos com as normas regulatórias e as políticas públicas aplicáveis. Analise a estrutura de custos e receitas, considerando os riscos associados à execução e à operação dos projetos. Utilize uma abordagem que inclua a análise de viabilidade econômica e a avaliação dos impactos socioeconômicos. Documente todas as evidências e cálculos de apoio, destacando possíveis riscos e incertezas.
180	Como proceder na análise de contratos de crédito consignado em perícias judiciais?	Verifique a conformidade dos contratos com as diretrizes do Banco Central e a legislação vigente. Avalie as condições de concessão de crédito, incluindo taxas de juros e prazos de pagamento. Utilize uma abordagem que inclua a análise de risco de crédito e a avaliação da capacidade de pagamento dos tomadores. Documente todas as evidências e cálculos de apoio, considerando possíveis impactos na liquidez e solvência das instituições financeiras envolvidas.

Tipos de Perícias

Tipo de Perícia/Cálculo	Descrição	Fontes de Referência
Revisão de Contratos Bancários	Análise de taxas de juros, capitalização, tarifas e encargos em contratos de empréstimo e financiamento.	- Banco Central do Brasil (www.bcb.gov.br) - Superior Tribunal de Justiça (www.stj.jus.br)
Cálculo de Juros Abusivos	Identificação e recálculo de juros considerados abusivos em contratos financeiros.	- JusBrasil (www.jusbrasil.com.br) - Manual de Cálculos da Justiça Federal
Amortização de Financiamentos	Verificação e recálculo de sistemas de amortização (Price, SAC, SACRE) em financiamentos.	- Livro "Matemática Financeira" de José Dutra V. Sobrinho - Calculadora do Cidadão (BCB)
Correção Monetária e Juros	Aplicação de índices de correção e juros em dívidas, indenizações e liquidações de sentença.	- ENCOGE (www.encoge.org.br) - Tabelas de Atualização do TJ local
Perícia em Leasing	Análise de contratos de arrendamento mercantil, incluindo VRG e taxas.	- Banco Central do Brasil - Jurisprudência dos Tribunais Superiores
Cálculos Trabalhistas	Liquidação de sentenças trabalhistas, incluindo horas extras, FGTS, e verbas rescisórias.	- TST (www.tst.jus.br) - Calculadora do TRT

Tipo de Perícia/Cálculo	Descrição	Fontes de Referência
Apuração de Haveres	Cálculo do valor devido a sócios em dissoluções societárias ou retiradas.	- CFC (cfc.org.br) - Manual de Perícia Contábil
Perícia em Recuperação Judicial	Análise financeira de empresas em recuperação, incluindo planos de pagamento.	- Lei 11.101/2005 - Jurisprudência especializada
Cálculo de Danos Materiais e Lucros Cessantes	Quantificação de prejuízos e projeção de lucros não realizados.	- STJ (Súmulas e jurisprudência) - Livros de Perícia Financeira
Prestação de Contas	Verificação de contas em inventários, tutelas e administrações judiciais.	- CPC (artigos sobre prestação de contas) - Jurisprudência dos Tribunais
Revisão de Benefícios Previdenciários	Cálculo e revisão de aposentadorias, pensões e outros benefícios do INSS.	- INSS (www.inss.gov.br) - Manual de Cálculos da Justiça Federal
Perícia em Ações de Telefonia	Cálculos relacionados a ações de subscrição de linhas telefônicas.	- Anatel (www.anatel.gov.br) - Jurisprudência específica
Liquidação de Sentença	Cálculos para determinar o valor exato devido após uma sentença judicial.	- CPC (artigos sobre liquidação) - ENCOGE

Tipo de Perícia/Cálculo	Descrição	Fontes de Referência
Impugnação de Cálculos e Honorários	Análise e contestação de cálculos judiciais e honorários periciais.	- Tabelas de honorários dos Tribunais - CPC (artigos sobre honorários)

Este quadro fornece uma visão abrangente e atualizada dos principais tipos de perícias e cálculos financeiros realizados em contextos judiciais, juntamente com fontes relevantes para consulta e aprofundamento.

Referências Bibliográficas

As referências bibliográficas listadas aqui oferecem uma base sólida para a pesquisa e o aprofundamento nos temas abordados no livro. Elas incluem livros, artigos acadêmicos e fontes online confiáveis.

- **ZANNA, Remo Dalla**. *Perícia Contábil em Matéria Financeira*. Edição pessoal para fins de estudo.
- **SOBRINHO, José Dutra Vieira**. *Matemática Financeira*. 7ª edição. São Paulo: Atlas, 2000.
- **BRASIL. Lei 8.078, de 11/09/1990** - Dispõe sobre a proteção do consumidor e dá outras providências.
- **BRASIL. Lei 10.406, de 10/01/2002** – Código Civil.
- **BRASIL. Lei 13.105, de 11/03/2015** – Código de Processo Civil.
- **BRASIL. Medida Provisória nº 2.172-32, de 23/08/2001** - Estabelece a nulidade das disposições contratuais que menciona e inverte o ônus da prova nas ações intentadas para sua declaração.
- **Manual de Cálculos da Justiça Federal**. Disponível em: www.trf4.jus.br
- **Planalto.gov.br**. *Lei nº 14.905, de 28 de junho de 2024:* Altera a Lei nº 10.406, de 10 de janeiro de 2002 (Código Civil), para dispor sobre atualização monetária e juros. Disponível em: https://www.planalto.gov.br/ccivil_03/_ato2023-2026/2024/lei/l14905.htm

A Lei nº 14.905, de 28 de junho de 2024, altera diversos artigos do Código Civil (Lei nº 10.406, de 2002) para dispor sobre atualização monetária e juros. Os artigos específicos que tratam dessas alterações são:

- **Artigo 389**: Estabelece que, na ausência de convenção ou previsão legal específica, a atualização monetária será feita com base no Índice Nacional de Preços ao Consumidor Amplo (IPCA) ou no índice que vier a substituí-lo.
- **Artigo 406**: Define que os juros, quando não convencionados ou estipulados, serão fixados de acordo com a taxa legal, que corresponderá à taxa referencial do Sistema Especial de Liquidação e de Custódia (Selic), deduzido o índice de atualização monetária mencionado no artigo 389.

Esses artigos são fundamentais para a padronização dos critérios de atualização monetária e juros nas obrigações civis, garantindo maior clareza e previsibilidade nas relações contratuais.

Fontes Adicionais de Estudo e Consulta

Livro "Perícia Contábil" de Antonio Lopes de Sá

Curso de Especialização em Perícia Financeira (FGV, USP, outras instituições)

Fóruns e grupos de discussão online para peritos (LinkedIn, grupos especializados)

Softwares de cálculos financeiros e judiciais (Calcjur, Juriscalc, entre outros)

Boletins técnicos e informativos do CFC e IBRACON